Kapitalismus und Todestrieb

Fröhliche Wissenschaft 155

Byung-Chul Han

Kapitalismus und Todestrieb

Essays und Gespräche

Matthes & Seitz Berlin

Inhalt

Kapitalismus und Todestrieb

Was wir heute Wachstum nennen, ist in Wirklichkeit ein karzinomatöses, zielloses Wuchern. Wir erleben gegenwärtig einen Produktions- und Wachstumsrausch, der wie ein Todesrausch anmutet. Er täuscht eine Vitalität vor, die das Nahen einer tödlichen Katastrophe verdeckt. Die Produktion gleicht immer mehr einer Destruktion. Die Selbstentfremdung der Menschheit hat womöglich jenen Grad erreicht, der sie ihre eigene Vernichtung als ästhetischen Genuss erleben lässt. Was Walter Benjamin damals über den Faschismus gesagt hat, gilt heute für den Kapitalismus.

Angesichts ihrer Zerstörungswut vergleicht Arthur Schnitzler die Menschheit mit Bazillen. Demnach verläuft die Geschichte der Menschheit wie eine tödliche Infektionskrankheit. Wachstum und Selbstzerstörung fallen in eins: »Wäre es nun nicht denkbar, daß auch die Menschheit für irgendeinen höheren, uns als Ganzes unfaßbaren Organismus, innerhalb dessen sie Bedingung, Notwendigkeit und Sinn ihres Daseins findet, eine Krankheit bedeutet und daß sie jenen Organismus zu zerstören sucht und endlich, je höher sie sich entwickelt, zerstören muß – gerade so wie das Bazillengeschlecht das ›erkrankte‹ menschliche Individuum zu vernichten trachtet!«[1] Die Menschheit ist mit tödlicher Blindheit geschlagen. Sie vermag nur niedere Ordnungen zu erkennen. Gegenüber höheren Ordnungen ist sie genauso blind wie die Bazillen. So ist die Geschichte der Menschheit ein »ewiger Kampf gegen das Göttliche«, das »mit Notwendigkeit durch das Menschliche vernichtet wird«.

Freud würde den Pessimismus von Schnitzler uneingeschränkt teilen. Der Mensch mit seiner »grausamen Aggression« ist, so schreibt Freud in *Das Unbehagen in der Kultur*, eine »wilde Bestie, der die Schonung der eigenen Art fremd ist«.[2] Die Menschheit zerstört sich selbst. Freud spricht zwar gelegentlich von der Vernunft, die in der Lage wäre, höhere Ordnungen zu erkennen, aber der Mensch ist letztlich von Trieben beherrscht. Für die aggressiven Neigungen des Menschen macht Freud den Todestrieb verantwortlich. Nur wenige Monate nach der Fertigstellung von *Das Unbehagen in der Kultur* bricht die Weltwirtschaftskrise aus. Freud hätte damals behaupten können, dass der Kapitalismus jene Wirtschaftsform darstellt, in der der Mensch als wilde Bestie seine Aggression am besten ausleben kann.

Angesichts der Destruktivität des Kapitalismus liegt es nahe, ihn mit Freuds Todestrieb in Verbindung zu bringen. Der französische Wirtschaftswissenschaftler Bernard Maris, der 2015 beim Terroranschlag auf *Charlie Hebdo* getötet wurde, vertritt in seiner Studie *Capitalisme et pulsion de mort* die These: »Die große List des Kapitalismus besteht darin, die Zerstörungskräfte, den Todestrieb, zu kanalisieren und in Richtung Wachstum umzulenken.«[3] Der Todestrieb, von dem der Kapitalismus zu seinem Zweck Gebrauch macht, erweist sich, so die These von Maris, als Verhängnis. Seine destruktiven Kräfte gewinnen mit der Zeit die Oberhand und überrollen das Leben.

Ist Freuds Todestrieb tatsächlich dafür geeignet, den destruktiven Prozess des Kapitalismus zu erklären? Oder beherrscht den Kapitalismus ein ganz anders gearteter Todestrieb, der sich Freuds Triebtheorie entzieht? Freud begründet den Todestrieb rein biologisch. Irgend einmal wurden, so spekuliert er, in der unbelebten Materie durch eine große Krafteinwirkung die Eigenschaften des Lebens erweckt. Die damals entstandene Spannung in dem zuvor unbelebten Stoff strebte danach, sich abzubauen. So bildete sich im Lebewesen der Trieb, zum unbelebten Zustand zurückzukehren. Der Todestrieb war geboren: »*Das Ziel alles Lebens ist der Tod*, und zurückgreifend: *Das Leblose war früher da als das Lebende.*«[4] Der Todestrieb lässt alle Instanzen des Lebens zu »Trabanten des Todes« verblassen. Die Lebenstriebe haben gar kein eigenes Ziel. Auch Selbsterhaltungs- und Machttriebe sind Partialtriebe, die nur dazu bestimmt sind,

»den eigenen Todesweg des Organismus zu sichern und andere Möglichkeiten der Rückkehr zum Anorganischen als die immanenten fernzuhalten«.[5] Jeder Organismus will nur auf seine Weise sterben. So sträubt er sich gegen fremde Einwirkungen, die »ihm dazu verhelfen könnten, sein Lebensziel auf kurzem Wege (durch Kurzschluss sozusagen) zu erreichen«.[6] Das Leben ist nichts anderes als das jemeinige Sein zum Tod. Offenbar hat die Idee des Todestriebes auf Freud eine anhaltende Faszination ausgeübt. Trotz anfänglichen Zögerns hielt er an ihr fest: »Die Annahme des Todes- oder Destruktionstriebes hat selbst in analytischen Kreisen Widerstand gefunden [...]. Ich hatte die hier entwickelten Auffassungen anfangs nur versuchsweise vertreten, aber im Laufe der Zeit haben sie eine solche Macht über mich gewonnen, daß ich nicht mehr anders denken kann.«[7]

Die Idee des Todestriebes fasziniert Freud wohl deshalb, weil sie als Erklärung für den menschlichen Destruktionstrieb herangezogen werden kann. Der Todestrieb arbeitet im Inneren des Lebewesens an dessen Auflösung. Diesen Todesvorgang deutet Freud als Ergebnis einer aktiven Selbstzerstörung. So äußert sich der Todestrieb zunächst als Autoaggression. Erst der Lebenstrieb, der Eros, sorgt dafür, dass der Todestrieb nach außen gegen die Objekte gewendet wird. Fremdaggression schützt das Lebewesen vor Selbstzerstörung: »Der Trieb (sc. der Todestrieb) würde so selbst in den

Dienst des Eros gezwängt, indem das Lebewesen anderes, Belebtes wie Unbelebtes, anstatt seines eigenen Selbst vernichtete. Umgekehrt würde die Einschränkung dieser Aggression nach außen die ohnehin immer vor sich gehende Selbstzerstörung steigern müssen.«[8]

In Bezug auf den Todestrieb macht Freud gar keinen Unterschied zwischen dem Menschen und anderen Lebewesen. Der Todestrieb wohnt *jedem* Lebewesen als das Bestreben inne, zum unbelebten Zustand zurückzukehren. Auf diesen Todestrieb führt Freud die Aggression zurück. Damit bringt er zwei ganz unterschiedliche Impulse zusammen. Die dem Organismus innewohnende Tendenz, Spannungen abzubauen und schließlich zu sterben, setzt nicht notwendigerweise destruktive Zerstörungskraft voraus. Wird der Todestrieb als sukzessiver Abbau der Lebenskraft begriffen, so lässt sich aus ihm kein Destruktionstrieb ableiten. Außerdem erklärt der Todestrieb nicht die spezifisch *menschliche* Aggression, denn der Mensch teilt ihn mit allen anderen Lebewesen. Der Mensch ist aber im besonderen Maße aggressiv und vor allem grausam. Kein anderes Lebewesen ist zu einer blinden Zerstörungswut fähig. Auch den Sadismus führt Freud auf den gleichen Todestrieb zurück: »Im Sadismus, wo er (sc. der Todestrieb) das erotische Ziel in seinem Sinne umbiegt, dabei doch das sexuelle Streben voll befriedigt, gelingt uns die klarste Einsicht in sein Wesen und seine Beziehung zum

Eros. Aber auch wo er ohne sexuelle Absicht auftritt, noch in der blindesten Zerstörungswut läßt sich nicht verkennen, daß seine Befriedigung mit einem außerordentlich hohen narzißtischen Genuß verknüpft ist, indem sie dem Ich die Erfüllung seiner alten Allmachtswünsche zeigt.«[9] Der Todestrieb als das jedem Lebewesen innewohnende Bestreben, zum unbelebten Zustand zurückzukehren, erklärt nicht den dezidiert narzisstischen Genuss, den die sadistische Gewalt dem Ich bereitet. Für den Sadismus muss ein ganz anders gearteter Destruktionstrieb angenommen werden.

Die treibende Kraft des Kapitalismus ist Maris zufolge der Todestrieb, der in den Dienst des Wachstums gestellt wird. Unbeantwortet bleibt aber die Frage, was jenen irrationalen Wachstumszwang selbst hervorbringt, der den Kapitalismus so destruktiv macht. Was zwingt den Kapitalismus zur blinden Akkumulation? Hier kommt der Tod infrage. Der Kapitalismus beruht auf der Negation des Todes. Das Kapital wird akkumuliert gegen den Tod als absoluten Verlust. Der Tod bringt den Produktions- und Wachstumszwang hervor. Maris schenkt dem Tod kaum Beachtung. Freud selbst setzt sich mit dem Tod nicht eigens auseinander. Der Todestrieb als Todeswunsch bringt gerade jenen Tod zum Verschwinden, der sich als Angst äußert. Bezeichnenderweise trägt Freud der Tatsache keine Rechnung, dass jedes Lebewesen gegen den Tod kämpft. Merkwürdig klingt seine Bemerkung, dass durch die Annahme des Todestriebes »das rätselhafte, in keinen Zusammenhang einfügbare Bestreben des Organismus, sich aller Welt zum Trotz zu behaupten, entfällt«.[10] So ist die These nicht abwegig, dass Freuds Idee des Todestriebes letztlich eine unbewusste Strategie darstellt, den Tod zu verdrängen.[11]

Die spezifisch menschliche Aggression, die *Gewalt*, hängt eng mit dem Todesbewusstsein zusammen, das allein dem Menschen eigen ist. Eine Akkumulationslogik beherrscht die Ökonomie der Gewalt. Je mehr Gewalt man ausübt, desto mächtiger fühlt man sich. Die akkumulierte Tötungsgewalt erzeugt ein Gefühl des Wachstums, der Kraft, der Macht, der Unverwundbarkeit und der Unsterblichkeit. Gerade auf diesen Machtzuwachs geht der narzisstische Genuss zurück, den die sadistische Gewalt mit sich bringt. Töten schützt vor Tod. Man bemächtigt sich des Todes, indem man tötet. Mehr an Tötungsgewalt bedeutet weniger an Tod. Auch das atomare Wettrüsten folgt dieser kapitalistischen Ökonomie der Gewalt. Das akkumulierte Vermögen zum Töten wird als Vermögen zum Überleben imaginiert.

Die Gewaltspirale der Blutrache veranschaulicht die archaische Ökonomie der Gewalt. In der archaischen Gesellschaft wird jeder Tod als Folge einer Gewalteinwirkung gedeutet. So kann selbst der ›natürliche‹ Tod Rache auslösen. Der erlittenen Gewalt, die zum Tod geführt hat, wird eine

Gegengewalt entgegengesetzt. Jeder Tod schwächt die Gruppe. So muss sie ihrerseits töten, um das Machtgefühl wiederherzustellen. Die Blutrache ist keine Vergeltung, keine Strafe. Kein Täter wird hier zur Verantwortung gezogen. Die Strafe rationalisiert gerade die Rache und unterbindet deren lawinenartige Anschwellung. Im Gegensatz zur Strafe ist die Blutrache ungerichtet. Gerade deshalb ist sie so verheerend. Es kann sogar vorkommen, dass die zur Rache entschlossene Gruppe Unbeteiligte tötet. Achilles rächt den Tod seines Freundes Patroklos, indem er wahllos tötet und töten lässt. Es werden nicht nur Feinde getötet. Auch Unmengen von Tieren werden geschlachtet.

Die Etymologie des Geldes deutet auf den Opfer- und Kultzusammenhang hin. Das Geld ist ursprünglich das Tauschmittel, mit dem man Opfertiere erwirbt. Wer viel Geld besitzt, kommt in den Besitz einer göttlichen Tötungsgewalt: »Geld ist von seiner Wurzel im kultischen Opfer her gleichsam ein tiefgefrorenes Opferblut. Mit Geld um sich zu werfen, es fließen zu lassen und fließen zu sehen, erzeugt einen ähnlichen Effekt wie das Fließen von Blut im Kampf oder auf dem Opferaltar.«[12] Das angehäufte Geld verleiht seinem Besitzer einen Raubtierstatus. Es immunisiert ihn gegen den Tod. Auf der tiefenpsychologischen Ebene setzt sich der archaische Glaube fort, dass das akkumulierte Vermögen zum Töten, das wachsende Kapitalvermögen den Tod abwendet.

Die Akkumulationslogik des Kapitals entspricht genau der archaischen Ökonomie der Gewalt. Das Kapital verhält sich wie modernes Mana. Mana heißt jene geheimnisvolle Machtsubstanz, die man bei der Tötung erwirbt. Man akkumuliert es, um ein Gefühl der Macht und Unverwundbarkeit zu erzeugen: »Man nahm an, daß der Krieger in seinem Leibe das Mana all derer enthalte, die er getötet hatte. [...] Mit jeder Tötung, die ihm gelang, wuchs auch das Mana seines Speers. [...] Um sich sein Mana unmittelbar einzuverleiben, aß er von seinem Fleisch; und um diesen Zuwachs an Macht in einer Schlacht an sich zu fesseln [...] trug er als Teil seiner Kriegsausrüstung irgendein körperliches Überbleibsel des besiegten Feindes an sich – einen Knochen, eine vertrocknete Hand, manchmal sogar einen ganzen Schädel.«[13] Die Akkumulation von Kapital hat den gleichen Affekt wie die von Mana. Das wachsende Kapital bedeutet die wachsende Macht. Mehr an Kapital bedeutet weniger an Tod. Das Kapital wird akkumuliert, um dem Tod zu entkommen. Das Kapital lässt sich auch als geronnene Zeit deuten. Das unendliche Kapital erzeugt die Illusion einer unendlichen Zeit. Zeit ist Geld. Angesichts der befristeten Lebenszeit akkumuliert man die Kapitalzeit.

Die Erzählung von Chamisso *Peter Schlemihls wundersame Geschichte* lässt sich als eine Allegorie der kapitalistischen Ökonomie lesen. Schlemihl verkauft dem Teufel seinen Schatten und erhält dafür einen Säckel voller Gold, der nie versiegt. Der Goldsäckel symbolisiert das unendliche Kapital. Der Pakt mit dem Teufel erweist sich als Pakt mit dem Kapitalismus. Der Schatten, der für den Körper und den Tod steht, wird durch das unendliche Kapital zum Verschwinden gebracht. Schlemihl merkt aber bald, dass ein Leben ohne Schatten nicht möglich ist. Er wandert als Untoter durch die Welt. Die Lehre der Erzählung heißt: Der Tod gehört zum Leben. So schließt die Erzählung mit der Mahnung: »Du aber, mein Freund, willst du unter den Menschen leben, so lerne verehren zuvörderst den Schatten, sodann das Geld.«

Der Kapitalismus ist vom Tod besessen. Die unbewusste Angst vor dem Tod treibt ihn an. Sein Akkumulations- und Wachstumszwang erwachen angesichts des drohenden Todes. Sie bringen nicht nur ökologische, sondern auch mentale Katastrophen hervor. Destruktiver Leistungszwang lässt Selbstbehauptung und Selbstzerstörung in eins fallen. Man optimiert sich zu Tode. Rücksichtslose Selbstausbeutung führt zu einem mentalen Kollaps. Der brutale Konkurrenzkampf wirkt zerstörerisch. Er erzeugt eine Gefühlskälte und Gleichgültigkeit gegenüber anderen, die mit der gegen das eigene Selbst einhergeht.

In den kapitalistischen Gesellschaften sind die Toten und die Sterbenden immer weniger sichtbar. Der Tod lässt sich aber nicht einfach zum Verschwinden bringen. Wenn etwa die Fabrik nicht mehr existiert, so ist die Arbeit überall. Wenn die Anstalten verschwinden, dann deshalb, weil der Wahnsinn zur Normalität geworden ist. Mit dem Tod verhält es sich genauso. Wenn die Toten nicht sichtbar sind, so überzieht eine Totenstarre das Leben. Das Leben erstarrt zum Überleben: »Ist der Tod ins Überleben verdrängt, so ist das Leben selbst […] nur noch ein durch den Tod determiniertes Überleben.«[14]

Die Abtrennung des Lebens vom Tod, die konstitutiv für die kapitalistische Ökonomie ist, bringt das *untote Leben*, den *Tod-im-Leben* hervor. Der Kapitalismus generiert einen paradoxen Todestrieb, denn er bringt das Leben ums Leben. Tödlich ist sein Streben nach dem todlosen Leben. Leistungs-, Fitness- oder Botoxzombies sind Erscheinungen des untoten Lebens. Dem Untoten fehlt jede Lebendigkeit. Wirklich lebendig ist nur das Leben, das den Tod in sich aufnimmt. Die Hysterie der Gesundheit ist die *biopolitische Erscheinung des Kapitals selbst.*

In seinem Streben nach todlosem Leben lässt der Kapitalismus *Nekropolen* entstehen, die von menschlichen Geräuschen und Gerüchen gereinigten, antiseptischen Räume des Todes. Lebensprozesse werden in maschinelle Vorgänge umgewandelt. Die totale Anpassung des menschlichen Lebens an die Funktion ist bereits eine Kultur des Todes. Das Leistungsprinzip nähert den Menschen der Maschine an und entfremdet ihn von sich selbst. Dataismus und künstliche Intelligenz verdinglichen das Denken selbst. Aus Denken wird Rechnen. Lebendige Erinnerungen werden durch maschinelles Gedächtnis ersetzt. Nur die Toten erinnern sich an alles. Serverfarmen sind ein Ort des Todes. Wir begraben uns lebendig, um zu überleben. In der Hoffnung auf Überleben akkumulieren wir den toten Wert, das Kapital. Die lebendige Welt wird vom toten Kapital vernichtet. Darin besteht der Todestrieb des Kapitals. Eine *Nekrophilie*, die das Leben in leblose Dinge verwandelt, beherrscht den Kapitalismus. Eine verhängnisvolle Dialektik des Überlebens lässt das Leben ins Tote, ins Untote umschlagen. Erich Fromm schreibt zu der von der Nekrophilie beherrschten Welt: »Die Welt wird zu einer Summe lebloser Artefakte; von der synthetischen Nahrung bis zu den synthetischen Organen wird der ganze Mensch zum Bestandteil der totalen Maschinerie, welche er kontrolliert und die gleichzeitig ihn kontrolliert. [...] Sein Streben gilt der Herstellung von Robotern, worin man eine der größten Leistungen des technischen Geistes sieht, und es gibt Spezialisten, die uns versichern, der Roboter werde sich kaum vom lebendigen Menschen unterscheiden. Diese Leistung wird uns weniger erstaunlich vorkommen, wenn der Mensch selbst kaum noch von einem Roboter zu unterscheiden ist. Die Welt des Lebens ist zu einer Welt des ›Nichtlebendigen‹ geworden; Menschen sind zu ›Nichtmenschen‹ geworden –

eine Welt des Todes. Symbolisch für das Tote sind nicht mehr unangenehm riechende Exkremente oder Leichen. Die Symbole des Toten sind jetzt saubere, glänzende Maschinen […].«[15] Das todlose, untote Leben ist ein verdinglichtes, maschinelles Leben. *So wird die Unsterblichkeit nur um den Preis des Lebens zu erreichen sein.*

Das kapitalistische System, das den Tod verdrängt, lässt sich nur durch den Tod beenden. Baudrillard schwebt ein besonderer Todestrieb vor, den er gegen die Freud'sche Version des Todestriebes wendet und zu einer Todesrevolte radikalisiert: »In einem System, das zum Weiterleben auffordert und das das Leben kapitalisiert, ist der Todestrieb die einzige Alternative.«[16] Mit ihrem Einsatz des Todes bricht die Todesrevolte das todverneinende kapitalistische System auf und setzt es dem symbolischen Austausch mit dem Tod aus. Baudrillard begreift das *Symbolische* als jene Sphäre, in der das Leben und der Tod noch nicht voneinander geschieden sind. Es ist dem *Imaginären* des todlosen Lebens entgegengesetzt. Die Todesrevolte sorgt dafür, dass das kapitalistische System am Symbolischen zerbricht: »[…] niemand, nicht einmal das System, entgeht der symbolischen Verpflichtung, und in dieser Falle liegt die einzige Chance, seine Katastrophe herbeizuführen. […] *In der Erwiderung auf die vielfache Herausforderung des Todes und des Selbstmords muss sich das System selbst umbringen.*«[17]

Baudrillards Protagonisten der Todesrevolte sind Selbstmörder aller Couleur. Selbst dem Terrorismus wird ein subversives Potenzial zugesprochen. Ein Selbstmordattentäter aber setzt dem todverneinenden System den *realen* Tod entgegen. Seine gewaltsame Tötung ist nicht in der Lage, das System für den *symbolischen* Austausch mit dem Tod zu öffnen. Der Terrorismus ist eine symptomatische Erscheinung des kapitalistischen Systems selbst und nicht dessen Gegenbild. Die Brutalität und Gefühlskälte des Selbstmordattentäters spiegelt die der kapitalistischen Gesellschaft wider. Außerdem teilt er das Psychogramm ihrer Bewohner. Die Selbsttötung nimmt die Form einer *Selbst-Produktion* an. Sie wird als ein ultimatives Selfie imaginiert. Der Knopfdruck, der die Bombe hochgehen lässt, gleicht dem Druck auf den Auslöser der Kamera. Der Selbstmordattentäter ist sich dessen bewusst, dass unmittelbar nach der Tat sein Foto massiv in den Medien zirkulieren wird. Ihm wird die Aufmerksamkeit zurückerstattet, die ihm bisher verwehrt wurde. Der Selbstmordattentäter ist ein Narziss mit Sprengstoffgürtel. So lässt sich der Terrorismus als letzter Akt der Authentizität begreifen.

Die Todesrevolte wird das kapitalistische System nicht aus den Angeln heben können. Notwendig ist eine andere Lebensform, die die Abtrennung des Lebens vom Tod zurücknimmt und das Leben wieder am Tod teilnehmen lässt. Jeder politischen

Revolution muss eine Revolution des Bewusstseins vorausgehen, die dem Leben den Tod zurückgibt. Es soll ins Bewusstsein gehoben werden, dass das Leben nur im Austausch mit dem Tod lebendig ist, dass die Ablehnung des Todes jede lebendige Gegenwart zerstört: »Der Kampf gegen den Tod führt zu einer Überbetonung der Vergangenheit und der Zukunft, während die Gegenwart – eben das Leben – verloren wird […].«[18]

Der Tod als Ende des biologisch aufgefassten Lebens ist nicht die einzige oder einzig wahre Todesart. Es ist auch möglich, den Tod als einen kontinuierlichen Prozess zu begreifen, in dem man sich, seine Identität bereits zu Lebzeiten nach und nach verliert. Der Tod beginnt dann bereits vor dem Tod. Die Identität des Subjekts ist wesentlich komplexer als die des gleichbleibenden Namens. Das Subjekt weicht immer von sich selbst ab. Die moderne Idee des Todes ist durch jene Vorstellung bestimmt, die sich an der biologischen Funktion orientiert. Sie lokalisiert den Tod an dem Körper, der irgendwann aufhört zu funktionieren.

Bataille begreift den Tod als eine Intensivform des Lebens. Der Tod verleiht dem Leben Intensitäten. Er ist ein Überschwang, ein Exzess, eine Verschwendung, eine Ausschweifung, eine Verausgabung. Der vom Tod ausgehende Taumel ist wesentlich für die erotische Erfahrung: »Es gibt keine Liebe, wenn sie in uns nicht *wie der Tod* ist.«[19] Bataille lässt seine Schrift *Die Erotik* mit dem Wort beginnen: »Die Erotik kann man bestimmen als das Jasagen zum Leben bis in den Tod.«[20] Während Freud den Eros dem Todestrieb entgegensetzt, beschwört Bataille die Nachbarschaft von Tod und Eros. Der Lebensimpuls, bis zum Äußersten gesteigert, nähert sich dem Todesimpuls, der aber im Gegensatz zu Freuds Todestrieb eine Äußerung des Lebens selbst ist. Das Erotische ist das Medium, in dem sich das Leben und der Tod austauschen. Als Überschwang und Verausgabung stellt der Tod das Prinzip der Antiökonomie dar. Er wirkt subversiv gegenüber dem kapitalistischen System: »In einem System, in dem das Leben durch den Wert und die Nützlichkeit bestimmt wird, wird der Tod zu einem nutzlosen Luxus und zur einzigen Alternative.«[21] Die Erotik ist ein Abenteuer der Kontinuität. Sie bricht mit der Diskontinuität des für sich isolierten Individuums, auf der die Ökonomie beruht. Sie gibt dem Ich den Tod. Der Tod ist ein *Sich-Verlieren-im-Anderen*, das dem Narzissmus ein Ende setzt.

Der Kapitalismus ist über Bedürfnis und Wunsch organisiert, die sich in Konsum und Produktion widerzuspiegeln haben. Leidenschaften und Intensitäten weichen angenehmen Gefühlen und folgenlosen Erregungen. Alles wird zur Konsum- und Genussformel nivelliert. Negativitäten wie Schmerz werden beseitigt zugunsten der Positivität der Bedürfnisbefriedigung. Der Tod ist die Negativität schlechthin. Der Produktionszwang schafft sie ab. Auch die Liebe passt sich dem kapitalistischen Prozess an und verkümmert zur Sexualität als Bedürfnis. Der Andere verkommt zum Sexualobjekt, an dem das narzisstische Subjekt sein Bedürfnis befriedigt. Der Andere, dem die Andersheit genommen worden ist, lässt sich nur noch konsumieren.

Mit seiner Negation des Todes beerbt der Kapitalismus die Metaphysik. Er stellt eine materialistische Metaphysik dar, die nach unendlichem Kapital strebt. Schon Platon träumte von einer Stadt ohne die Toten. In seinem Idealstaat herrscht eine rigorose Diskriminierung der Toten. Jedes anbaufähige Land soll, so heißt es in *Nomoi*, frei von Gräbern sein. Die Gräber müssen so platziert sein, dass die Lebenden dadurch keinen Nachteil erleiden. Die Toten dürfen nicht mehr als nötig, und zwar nur zu dem Zweck, einen möglichen Scheintod festzustellen, aber höchstens drei Tage im Haus aufbewahrt werden. Platon verbietet den Lebenden jeden symbolischen Austausch mit dem Tod. Die Toten erinnern an den zu verdrängenden Tod. Sie werden wie ein Abfall behandelt, der schleunigst entsorgt werden soll. Das Leben aber, das den Tod wie einen Schmutz meidet, wird in seinen eigenen Ausscheidungen ersticken müssen.

Der todverneinenden Metaphysik setzt Adorno jenes Denken entgegen, das »das ungeschmälerte, das nichtsublimierte Bewußtsein des Todes in sich hineinnimmt«.[22] Das am Tod Verdrängte gilt es in seiner ganzen Schwere in das Bewusstsein aufzunehmen. Das humane Bewusstsein ist ein sterbliches. Auch Adorno wusste, dass das Leben, das den Tod als bloß Zerstörendes negiert, selbst zerstörerische Züge entwickelt, dass die Gesundheit eine Ideologie des Kapitals, ja eine Krankheit ist. Die Hysterie des Überlebens entstellt das Leben. Den hässlichen, karzinomatösen Wucherungen des untoten Lebens setzt Adorno das Schöne entgegen, das von der Negativität des Todes innerviert wird: »Das Wuchernde des Gesunden ist als solches immer schon zugleich die Krankheit. Ihr Gegengift ist Krankheit als ihrer bewußte, die Einschränkung von Leben selbst. Solche heilsame Krankheit ist das Schöne. Es gebietet dem Leben Halt und damit seinem Verfall. Verleugnet man jedoch die Krankheit um des Lebens willen, so geht das hypostasierte Leben vermöge seiner blinden Losgetrenntheit vom anderen Moment gerade in dieses, ins Zerstörende und Böse über, ins Freche und sich Brüstende. Wer das Zerstörende haßt, muß das Leben mithassen: nur das Tote ist das Gleichnis des nicht entstellten Lebendigen.«[23] Lebendigkeit ist Freundlichkeit. Freundlich ist das Leben, das zu sterben vermag.

Trotz seines ambivalenten Verhältnisses zum Tod ist sich Freud durchaus der Notwendigkeit einer Versöhnung von Leben und Tod bewusst. Die unbewusste Verdrängung des Todes hat dem bewussten Zulassen des Todes zu weichen: »Wäre es nicht besser, dem Tode einen Platz in der Wirklichkeit und in unseren Gedanken einzuräumen, der ihm gebührt, und unsere unbewußte Einstellung zum Tode, die wir bisher so sorgfältig unterdrückt haben, ein wenig mehr hervorzukehren? Es scheint das keine Höherleistung zu sein, eher ein Rückschritt in manchen Stücken, eine Regression, aber es hat den Vorteil, der Wahrhaftigkeit mehr Rechnung zu tragen und uns das Leben wieder erträglicher zu machen.«[24] Das Leben bejahen heißt auch den Tod bejahen. Das Leben, das den Tod verneint, verneint sich selbst. Allein eine Lebensform, die den Tod dem Leben zurückgibt, befreit uns aus dem Paradox des untoten Lebens: *Wir sind zu lebendig, um zu sterben, und zu tot, um zu leben.*

Warum heute keine Revolution möglich ist

Als es vor einiger Zeit in der Berliner Schaubühne zu einer Debatte zwischen Antonio Negri und mir kam, stießen zwei Kapitalismuskritiken frontal aufeinander. Negri schwärmte für Möglichkeiten des globalen Widerstandes gegen das »Empire«, das neoliberale Herrschaftssystem. Er präsentierte sich als kommunistischer Revolutionär und bezeichnete mich als skeptischen Professor. Emphatisch beschwor er die »Multitude«, die vernetzte Protest- und Revolutionsmasse, der er es offenbar zutraute, das Empire zu Fall zu bringen. Mir erschien die Position des kommunistischen Revolutionärs zu naiv und realitätsfern. So versuchte ich, Negri zu erklären, warum heute keine Revolution mehr möglich ist.

Warum ist das neoliberale Herrschaftssystem so stabil? Warum gibt es so wenig Widerstände dagegen? Warum werden sie alle so schnell ins Leere geführt? Warum ist heute keine Revolution mehr möglich trotz immer größer werdender Schere zwischen Reichen und Armen? Für eine Erklärung ist ein genaues Verständnis notwendig, wie die Macht und Herrschaft heute funktioniert.

Wer ein neues Herrschaftssystem installieren will, muss Widerstand beseitigen. Das gilt auch für das neoliberale Herrschaftssystem. Zur Einsetzung eines neuen Herrschaftssystems ist eine setzende Macht notwendig, die oft mit Gewalt einhergeht. Aber diese setzende Macht ist nicht identisch mit der das System nach innen hin stabilisierenden Macht. Es ist bekannt, dass Margaret Thatcher als Vorkämpferin des Neoliberalismus die Gewerkschaften als »Feind im Inneren« behandelte und sie gewaltsam bekämpfte. Gewaltsamer Eingriff zur Durchsetzung der neoliberalen Agenda ist jedoch nicht jene systemerhaltende Macht.

Die systemerhaltende Macht der Disziplinar- und Industriegesellschaft war repressiv. Fabrikarbeiter wurden durch Fabrikeigentümer brutal ausgebeutet. So führte die gewaltsame Fremdausbeutung der Fabrikarbeiter zu Protesten und Widerständen. Möglich war hier eine Revolution, die das herrschende Produktionsverhältnis umstürzen würde. In diesem repressiven System sind sowohl die Unterdrückung als auch die Unterdrücker sichtbar. Es gibt ein konkretes Gegenüber, einen sichtbaren Feind, dem der Widerstand gilt.

Das neoliberale Herrschaftssystem ist ganz anders strukturiert. Hier ist die systemerhaltende Macht nicht mehr repressiv, sondern seduktiv, das heißt, verführend. Sie ist nicht mehr so sichtbar wie in dem disziplinarischen Regime. Es gibt kein konkretes Gegenüber mehr, keinen Feind, der die Freiheit unterdrückt und gegen den ein Widerstand möglich wäre.

Der Neoliberalismus formt aus dem unterdrückten Arbeiter einen freien Unternehmer, einen Unternehmer seiner selbst. Jeder ist heute ein selbstausbeutender Arbeiter seines eigenen Unternehmers. Jeder ist Herr und Knecht in einer Person. Auch der Klassenkampf verwandelt sich in einen inneren Kampf mit sich selbst. Wer heute scheitert, beschuldigt sich selbst und schämt sich. Man problematisiert sich selbst statt der Gesellschaft.

Ineffizient ist jene disziplinarische Macht, die mit einem großen Kraftaufwand Menschen gewaltsam in ein Korsett von Geboten und Verboten einzwängt. Wesentlich effizienter ist die Machttechnik, die dafür sorgt, dass sich Menschen von sich aus dem Herrschaftszusammenhang unterordnen. Ihre besondere Effizienz rührt daher, dass sie nicht durch Verbot und Entzug, sondern durch Gefallen und Erfüllen wirkt. Statt Menschen gefügig zu machen, versucht sie, sie abhängig zu machen. Diese Effizienzlogik des Neoliberalismus gilt auch der Überwachung. In den achtziger Jahren hat man heftigst gegen die Volkszählung protestiert. Sogar die Schüler gingen auf die Straße.

Aus heutiger Sicht wirken die notwendigen Angaben wie Beruf, Schulabschluss oder Entfernung zum Arbeitsplatz fast lächerlich. Es war eine Zeit, in der man glaubte, dem Staat als Herrschaftsinstanz gegenüberzustehen, der den Bürgern gegen deren Willen Informationen entreißt. Diese Zeit ist längst vorbei. Heute entblößen wir uns aus freien Stücken. Es ist gerade diese gefühlte Freiheit, die Proteste unmöglich macht. Im Gegensatz zur Zeit der Volkszählung protestieren wir kaum gegen die Überwachung. Freie Selbstausleuchtung und -entblößung folgt derselben Effizienzlogik wie die freie Selbstausbeutung. Wogegen protestieren? Gegen sich selbst? Diese paradoxe Situation bringt die amerikanische Konzeptkünstlerin Jenny Holzer mit ihrem »truism« zum Ausdruck: »Protect me from what I want.«

Es ist wichtig, zwischen setzender und erhaltender Macht zu unterscheiden. Die systemerhaltende Macht nimmt heute eine smarte, freundliche Form an und macht sich dadurch unsichtbar und unangreifbar. Das unterworfene Subjekt ist sich hier nicht einmal seiner Unterworfenheit bewusst. Es wähnt sich in Freiheit. Diese Herrschaftstechnik neutralisiert den Widerstand auf eine sehr effektive Art und Weise. Die Herrschaft, die Freiheit unterdrückt und angreift, ist nicht stabil. Das neoliberale Regime ist deshalb so stabil, immunisiert sich gegen jeden Widerstand, weil es von der Freiheit Gebrauch macht, statt sie zu unterdrücken. Die Unterdrückung der Freiheit provoziert schnell Widerstand. Die Ausbeutung der Freiheit dagegen nicht.

Nach der Asienkrise war Südkorea gelähmt und

geschockt. Da kam der IWF und gab den Koreanern Kredite. Dafür musste die Regierung die neoliberale Agenda gewaltsam gegen Proteste durchsetzen. Diese repressive Macht ist die setzende Macht, die häufig auf Gewalt zurückgreift. Aber diese setzende Macht unterscheidet sich von der systemerhaltenden Macht, die im neoliberalen Regime sich sogar als Freiheit gibt. Für Naomi Klein ist der gesellschaftliche Schockzustand nach Katastrophen wie der Finanzkrise in Südkorea oder Griechenland die Gelegenheit, die Gesellschaft gewaltsam einer radikalen Neuprogrammierung zu unterwerfen. Heute gibt es in Südkorea kaum Widerstände. Es herrscht dagegen ein großer Konformismus und Konsens mit Depression und Burn-out. Südkorea hat heute weltweit die höchste Suizidrate. Man wendet Gewalt gegen sich selbst an, statt die Gesellschaft verändern zu wollen. Die Aggression nach außen, die eine Revolution zur Folge hätte, weicht einer Selbstaggression.

Heute gibt es keine kooperierende, vernetzte Multitude, die sich zu einer globalen Protest- und Revolutionsmasse erheben würde. Vielmehr macht die Solitude des für sich isolierten, vereinzelten Selbst-Unternehmers die gegenwärtige Produktionsweise aus. Früher standen Unternehmen miteinander in Konkurrenz. Innerhalb des Unternehmens war dagegen eine Solidarität möglich. Heute konkurriert jeder mit jedem, auch innerhalb eines Unternehmens. Diese absolute Konkurrenz erhöht zwar die Produktivität enorm, aber sie zerstört Solidarität und Gemeinsinn. Aus erschöpften, depressiven, vereinzelten Individuen lässt sich keine Revolutionsmasse formen.

Man kann den Neoliberalismus nicht marxistisch erklären. In ihm findet nicht einmal die berühmte »Entfremdung« von der Arbeit statt. Heute stürzen wir uns mit Euphorie in die Arbeit bis zum Burn-out. Die erste Stufe des Burn-out-Syndroms ist eben die Euphorie. Burn-out und Revolution schließen sich aus. So ist es ein Irrtum zu glauben, dass die Multitude das parasitäre Empire abwirft und eine kommunistische Gesellschaft installiert.

Wie steht es heute mit dem Kommunismus? Überall wird Sharing und Community beschworen. Die Sharing-Ökonomie soll die Ökonomie des Eigentums und des Besitzes ablösen. »Sharing is Caring«, »Teilen ist Heilen«, so heißt eine Maxime der »Circler« im neuen Roman von Dave Eggers *The Circle*. Die Pflastersteine, die den Fußweg zur Firmenzentrale von Circle bilden, sind durchsetzt mit Sprüchen wie »Sucht Gemeinschaft« oder »Bringt euch ein«. *Caring is Killing* sollte es aber eigentlich heißen. Auch die digitale Mitfahrzentrale »Wunder Car«, die jeden von uns zum Taxi-Fahrer macht, wirbt mit der Idee der Community. Es ist aber ein Irrtum zu glauben, dass die Sharing-Ökonomie, wie Jeremy Rifkin in seinem jüngsten Buch *Die Null-Grenzkosten-Gesellschaft* behauptet, ein Ende des Kapitalismus, eine globale, gemeinschaftlich orientierte Gesellschaft einläutet, in der Teilen mehr Wert hätte als Besitzen. Im Gegenteil: Die Sharing-Ökonomie führt letzten Endes zu einer Totalkommerzialisierung des Lebens.

Der von Jeremy Rifkin gefeierte Wechsel vom Besitz zum »Zugang« befreit uns nicht vom Kapitalismus. Wer kein Geld besitzt, hat eben auch keinen Zugang zum Sharing. Auch im Zeitalter des Zugangs leben wir weiterhin im »Bannoptikum«, in dem diejenigen, die kein Geld haben, ausgeschlossen bleiben. »Airbnb«, der Community-Marktplatz, der jedes Zuhause in ein Hotel verwandelt, ökonomisiert sogar die Gastfreundschaft. Die Ideologie der Community oder der kollaborativen Commons führt zur Totalkapitalisierung der Gemeinschaft. Es ist keine zweckfreie Freundlichkeit mehr möglich. In einer Gesellschaft wechselseitiger Bewertung wird auch die Freundlichkeit kommerzialisiert. Man wird freundlich, um bessere Bewertungen zu erhalten. Auch mitten in der kollaborativen Ökonomie herrscht die harte Logik des Kapitalismus. Bei diesem schönen »Teilen« gibt paradoxerweise niemand etwas freiwillig ab. Der Kapitalismus vollendet sich in dem Moment, in dem er den Kommunismus als Ware verkauft. Der Kommunismus als Ware, das ist das Ende der Revolution.

Die Totalausbeutung des Menschen

Customer-Lifetime-Value bezeichnet den Wert, den ein Mensch während seines gesamten Kundenlebens für ein Unternehmen darstellt. Diesem Begriff liegt die Intention zugrunde, die ganze menschliche Person, ihr gesamtes Leben in rein kommerzielle Werte umzuwandeln. Der heutige Hyperkapitalismus löst die menschliche Existenz gänzlich in ein Netz kommerzieller Beziehungen auf. Es gibt heute keinen Lebensbereich mehr, der sich der kommerziellen Verwertung entzöge.

Gerade die zunehmende Digitalisierung der Gesellschaft erleichtert, erweitert und beschleunigt in erheblichem Maße die kommerzielle Ausbeutung des menschlichen Lebens. Sie unterwirft Lebensbereiche, die bisher dem kommerziellen Zugriff unzugänglich waren, einer ökonomischen Ausbeutung. So tut es heute not, neue Lebensbereiche zu errichten, ja neue Lebensformen zu entwickeln, die sich der kommerziellen Totalausbeutung des menschlichen Lebens widersetzen.

Der New Yorker Flagship-Store von Apple stellt in jeder Hinsicht den Tempel des Hyperkapitalismus dar. Er ist ein Kubus aus reinem Glas. Im Inneren ist dieser leer. Er stellt also nichts anderes als seine eigene Durchsichtigkeit aus. Im Untergeschoss ist der eigentliche Laden untergebracht. Transparenz nimmt hier eine materielle Gestalt an.

Der durchsichtige Apple-Shop ist wohl das architektonische Gegenbild der Kaaba in Mekka mit ihrem schwarzen Umhang. Kaaba heißt wörtlich Kubus. Dem schwarzen Bauwerk fehlt jede Transparenz. Der Kubus ist ebenfalls leer und steht für eine theologische Ordnung, die der hyperkapitalistischen Ordnung entgegengesetzt ist.

Der Apple-Shop und die Kaaba stellen zwei Herrschaftsformen dar. Der transparente Kubus präsentiert sich zwar als Freiheit und symbolisiert grenzenlose Kommunikation. Aber diese Transparenz ist selbst eine Herrschaftsform, die heute die Form eines digitalen Totalitarismus annimmt. Er kündigt eine neue Herrschaft an: die Herrschaft des Hyperkapitalismus. Er symbolisiert die heutige Totalkommunikation, die immer mehr mit der Totalüberwachung und Totalausbeutung zusammenfällt.

Die Kaaba ist verschlossen. Nur Geistliche haben Zugang ins Innere des Baus. Der transparente Kubus ist hingegen rund um die Uhr geöffnet. Jeder hat als Kunde Zutritt. Hier liegen zwei entgegengesetzte Herrschaftsordnungen vor: die Herrschaft der Schließung und die Herrschaft der

Öffnung. Diese ist allerdings effizienter als die erstgenannte, weil sie sich als Freiheit gibt. Mit dem gläsernen Kubus feiert der Hyperkapitalismus eine Hyperkommunikation, die alles durchdringt, durchleuchtet und ins Monetäre umwandelt. Kommunikation, Kommerz und Konsum – mit dem Apple-Shop im Untergeschoss – fallen hier in eins.

Global agierende Firmen sammeln Daten über Konsumverhalten, Familienstand, Beruf, Vorlieben, Hobbys, Wohn- und Einkommensverhältnisse. Ihre Algorithmen unterscheiden sich nicht wesentlich von denen der NSA.

Die Welt als Warenhaus erweist sich als digitales Panoptikum mit einer Totalüberwachung. Totalausbeutung und Totalüberwachung sind zwei Seiten einer Medaille. Acxiom unterteilt Menschen in 70 Kategorien, und zwar rein aus ökonomischem Blickwinkel. Die Gruppe von Personen, die einen sehr geringen Kundenwert aufweisen, heißt »waste«, also Abfall oder Müll.

Big Data macht Prognosen des menschlichen Verhaltens möglich. Die Zukunft wird dadurch berechenbar und manipulierbar. Big Data erweist sich als ein sehr effizientes psychopolitisches Instrument, das es erlaubt, Menschen wie Marionetten steuerbar zu machen. Big Data erzeugt ein Herrschaftswissen. Dieses macht es möglich, in die menschliche Psyche einzugreifen und sie zu beeinflussen, ohne dass die Betroffenen es merken. Die digitale Psychopolitik degradiert die menschliche

Person zu einem Objekt, das quantifizierbar und steuerbar ist. Somit kündigt Big Data das Ende des freien Willens an.

Souverän ist, so der Staatsrechtler Carl Schmitt, wer über den Ausnahmezustand verfügt. Einige Jahre später revidierte er diesen berühmten Satz: »Nach dem Zweiten Weltkrieg, angesichts meines Todes, sage ich jetzt: Souverän ist, wer über die Wellen des Raumes verfügt.« Carl Schmitt soll zeitlebens Angst vor Radio und Fernsehen gehabt haben – wegen der manipulativen Wirkung. Heute, im digitalen Regime, müsste der Satz der Souveränität erneut revidiert werden: Souverän ist, wer über die Daten im Netz verfügt.

Die digitale Vernetzung macht die Totalbewertung und Totalausleuchtung einer Person möglich. Angesichts der Gefahr, die das personenbezogene Datensammeln in sich birgt, ist heute die Politik gefordert, diese Praxis im erheblichen Maße einzuschränken. Auch von Schufa und anderen Scoring-Firmen geht eine diskriminierende Wirkung aus. Die ökonomische Bewertung einer Person widerspricht der Idee der Menschenwürde. Keine Person sollte zu einem Objekt algorithmischer Bewertung degradiert werden.

Dass etwa die Schufa, die in Deutschland eine heilige Selbstverständlichkeit geworden ist, vor einiger Zeit überhaupt auf den Gedanken kommen konnte, soziale Netzwerke nach nützlichen Informationen zu durchforsten, verrät die tiefe Intention des Unternehmens. Der Werbeslogan der Schufa: »Wir schaffen Vertrauen« ist ein reiner Zynismus.

Unternehmen wie die Schufa schaffen das Vertrauen gerade komplett ab und ersetzen es durch Kontrolle. Vertrauen heißt, trotz Nichtwissens über einen anderen eine positive Beziehung zu ihm zu unterhalten. Es macht Handlungen möglich trotz fehlenden Wissens. Weiß ich im Vorfeld alles über die Person, so erübrigt sich das Vertrauen. Schufa zum Beispiel bearbeitet täglich mehr als 200 000 Anfragen. Das ist nur in einer Kontrollgesellschaft möglich. Eine Vertrauensgesellschaft benötigt solche Unternehmen wie die Schufa nicht.

Das Vertrauen impliziert die Möglichkeit, dass ihm nicht entsprochen wird, dass es verraten wird. Aber diese Möglichkeit des Verrats ist konstitutiv für das Vertrauen selbst. Auch die Freiheit impliziert ein gewisses Risiko. Eine Gesellschaft, die im Namen der Sicherheit alles der Kontrolle und Überwachung unterwirft, verfällt in Totalitarismus.

Angesichts des drohenden digitalen Totalitarismus hat Europaparlamentspräsident Martin Schulz kürzlich auf die dringende Notwendigkeit hingewiesen, eine Charta der Grundrechte für das digitale Zeitalter zu formulieren. Auch der ehemalige Innenminister Gerhart Baum fordert eine umfassende Datenabrüstung.

Notwendig sind heute neue, radikale Denkansätze, um den Datentotalitarismus abzuwenden. Es sollte auch über eine konkrete technische Möglichkeit nachgedacht werden, die personenbezogenen Daten in einem bestimmten Umfang mit einer Fälligkeit zu versehen, so dass sie nach einer gewissen Zeit automatisch verschwinden. Diese Praxis würde zu einer massiven Datenabrüstung führen, die heute notwendig ist angesichts des Datenwahns.

Die Charta der digitalen Grundrechte wird allein den Datentotalitarismus nicht verhindern können. Es sollte auch ein Bewusstseins- und Mentalitätswandel herbeigeführt werden. Wir sind heute nicht einfach Insassen oder Opfer in einem fremdgesteuerten digitalen Panoptikum.

Ursprünglich war das Panoptikum ein von Jeremy Bentham entworfener gefängnisartiger Bau. Die Gefangenen im Außenring werden darin von einem zentralen Überwachungsturm bewacht. Im digitalen Panoptikum sind wir nicht einfach nur gefangen. Wir sind vielmehr selbst Täter. Wir bauen aktiv mit am digitalen Panoptikum. Wir unterhalten es sogar, indem wir uns entblößen, indem wir uns wie die Millionen Anhänger der Quantified-self-Bewegung am Körper verkabeln und unsere körperbezogenen Daten freiwillig ins Netz stellen. Die neue Herrschaft erlegt uns kein Schweigen auf. Vielmehr fordert sie uns permanent dazu auf, mitzuteilen, teilzunehmen, unsere Meinungen, Bedürfnisse, Wünsche und Vorlieben zu kommunizieren, ja unser Leben zu erzählen.

In den achtziger Jahren sind in Deutschland alle auf die Barrikaden gegangen gegen die Volkszählung. In einem Bürgeramt ist eine Bombe explodiert. Sogar die Schüler gingen auf die Straße. Es fanden Massendemonstrationen statt.

Aus heutiger Sicht ist diese Reaktion unverständlich, denn die Informationen, die abgefragt wurden, waren harmlos – wie beispielsweise Beruf, Schulabschluss, Familienstand, Entfernung zum Arbeitsplatz. Heute haben wir nichts dagegen, dass hundert oder tausend Datensätze über uns gesammelt, gespeichert, weitergegeben und verkauft werden. Niemand geht dagegen auf die Barrikaden. Es wird keinen massiven Protest gegen Google oder Facebook geben.

Zur Zeit der Volkszählung glaubte man, dem Staat als Herrschaftsinstanz gegenüberzustehen, der die Bürger gegen deren Willen aushorchen will. Diese Zeit ist längst vorbei. Heute entblößen wir uns freiwillig ohne jeden Zwang, ohne jede Verordnung. Wir stellen freiwillig alle möglichen Daten und Informationen über uns ins Netz, ohne zu wissen, wer was wann und bei welcher Gelegenheit über uns weiß.

Diese Unkontrollierbarkeit stellt eine ernst zu nehmende Krise der Freiheit dar. Angesichts der Daten, mit denen man nur so um sich wirft, wird außerdem der Begriff des Datenschutzes selbst obsolet. Heute sind wir nicht einfach Opfer einer staatlichen Überwachung, sondern tätige Elemente des Systems. Freiwillig geben wir private Schutzräume auf und setzen uns digitalen Netzen aus, die uns durchdringen und durchleuchten.

Die digitale Kommunikation als neue Produktionsform schafft rigoros Schutzräume ab und verwandelt alles in Informationen und Daten. Jede schützende Distanz geht dadurch verloren. In der digitalen Hyperkommunikation vermischt sich alles mit allem. Immer durchlässiger werden auch die Grenzen zwischen innen und außen. Menschliche Personen werden zu Schnittstellen in einer total vernetzten Welt. Diese digitale Schutzlosigkeit wird vom Hyperkapitalismus gefördert und ausgebeutet.

Wir müssten uns wieder ernsthaft der Frage stellen, was für ein Leben wir leben wollen. Wollen wir uns weiterhin der Totalüberwachung und Totalausbeutung der menschlichen Person ausliefern und dadurch unsere Freiheit, unsere Würde preisgeben? Es ist wieder an der Zeit, gemeinsam einen Widerstand gegen den drohenden digitalen Totalitarismus zu organisieren. Nichts an Aktualität eingebüßt hat Georg Büchners Wort: »Puppen sind wir, von unbekannten Gewalten am Draht gezogen; nichts, nichts wir selbst!«

Im digitalen Panoptikum

Heute wird alles smart. Wir werden bald in einer Smart City leben, in der alles, ja, komplett alles miteinander vernetzt sein wird, nicht nur Menschen, sondern auch Dinge. Wir werden nicht nur von Freunden, sondern auch von Haushaltsgeräten, Haustieren und Lebensmitteln im Kühlschrank E-Mails erhalten. Das Internet der Dinge macht es möglich. In der Smart City werden wir alle mit dem Google Glass unterwegs sein. Wir werden überall und jederzeit mit nützlichen Informationen versorgt, ohne dass wir sie eigens abgefragt hätten. Wir werden ins Restaurant gelotst, in die Bar, ins Konzert. Die Datenbrille wird für uns auch Entscheidungen treffen. Mit einer Dating-App wird sie uns sogar zu mehr Erfolg und Effizienz in Sachen Liebe und Sex verhelfen.

Unser Gesichtsfeld wird von der Datenbrille auf nützliche Informationen hin gescannt. Wir werden alle glückliche Informationsjäger. Dabei unterwerfen wir uns einer Jägeroptik. Die Sichtfelder, von denen keine Information zu erwarten ist, werden ausgeblendet. Das kontemplative Verweilen bei

Dingen, das eine Formel des Glücks wäre, weicht komplett dem Jagen nach Informationen. Die menschliche Wahrnehmung erreicht endlich eine totale Effizienz. Sie lässt sich nicht mehr von den Dingen ablenken, die wenig Aufmerksamkeit verdienen oder kaum Information versprechen. Das menschliche Auge verwandelt sich selbst in eine effiziente Suchmaschine.

Das Internet der Dinge vollendet gleichzeitig die Transparenzgesellschaft, die ununterscheidbar geworden ist von einer totalen Überwachungsgesellschaft. Dinge, die uns umgeben, beobachten und überwachen uns. Sie senden pausenlos Informationen über unser Tun und Lassen. Der Kühlschrank etwa weiß Bescheid über unsere Essgewohnheiten. Die vernetzte Zahnbürste über unsere Zahnhygiene. Die Dinge wirken aktiv mit an der Totalprotokollierung des Lebens. Die digitale Kontrollgesellschaft verwandelt auch die Datenbrille in eine Überwachungskamera und das Smartphone in eine Wanze.

Heute wird jeder Klick, den wir tätigen, gespeichert. Jeder Schritt, den wir machen, wird rekonstruierbar. Überall hinterlassen wir unsere digitalen Spuren. Unser digitaler Habitus bildet sich exakt im Netz ab. Die Totalprotokollierung des Lebens wird Vertrauen vollständig durch Information und Kontrolle ersetzen.

Vertrauen macht Beziehungen zu anderen Menschen auch ohne genauere Kenntnisse über diese möglich. Die digitale Vernetzung erleichtert die Informationsbeschaffung dermaßen, dass Vertrauen als soziale Praxis immer unbedeutender wird. Es weicht der Kontrolle. So hat die Transparenzgesellschaft eine strukturelle Nähe zur Kontrollgesellschaft. Wo Informationen sehr leicht zu beschaffen sind, schaltet das soziale System vom Vertrauen auf Kontrolle und Transparenz um.

An die Stelle des Big Brother tritt Big Data. Die lückenlose Totalprotokollierung des Lebens vollendet die Transparenzgesellschaft. Sie gleicht einem digitalen Panoptikum.

Die Idee des Panoptikums stammt von dem britischen Philosophen Jeremy Bentham. Er hat im 18. Jahrhundert einen Gefängnisbau konzipiert, der eine totale Überwachung der Insassen möglich macht. Zellen werden um einen Überwachungsturm herum angeordnet, der dem Big Brother einen totalen Durchblick gewährt. Die Insassen werden zum Disziplinierungszweck voneinander isoliert und dürfen nicht miteinander sprechen. Die Bewohner des digitalen Panoptikums hingegen kommunizieren intensiv miteinander und entblößen sich freiwillig. Die digitale Kontrollgesellschaft macht intensiv Gebrauch von der Freiheit. Sie ist nur möglich dank freiwilliger Selbstausleuchtung und Selbstentblößung.

In der digitalen Kontrollgesellschaft fallen die pornografische Zurschaustellung und die panoptische Kontrolle zusammen. Die Überwachungsgesellschaft vollendet sich dort, wo ihre Bewohner nicht durch einen äußeren Zwang, sondern aus einem inneren Bedürfnis heraus sich mitteilen, wo also die Angst davor, seine Privat- und Intimsphäre aufgeben zu müssen, dem Bedürfnis weicht, sie schamlos zur Schau zu stellen, und wo Freiheit und Kontrolle ununterscheidbar werden.

Der Big Brother des Bentham'schen Panoptikums kann die Insassen nur äußerlich beobachten. Er weiß nicht, was in ihrem Innern vor sich geht. Er kann ihre Gedanken nicht lesen. Im digitalen Panoptikum ist es dagegen möglich, zu den Gedanken seiner Bewohner vorzudringen. Darin besteht die ungeheure Effizienz des digitalen Panoptikums. Möglich wird nun eine psychopolitische Steuerung der Gesellschaft.

Die Transparenz wird heute im Namen der Informationsfreiheit oder Demokratie gefordert. In Wirklichkeit ist sie eine Ideologie, ja, ein neoliberales Dispositiv. Sie kehrt alles gewaltsam nach außen, um es Information werden zu lassen. Mehr Information und Kommunikation bedeuten in der heutigen immateriellen Produktionsweise mehr Produktivität, Beschleunigung und Wachstum.

Geheimnis, Fremdheit oder Andersheit stellen Hindernisse für eine grenzenlose Kommunikation dar. So werden sie im Namen der Transparenz abgebaut. Vom Dispositiv der Transparenz geht ein Konformismuszwang aus. Zur Logik der Transparenz gehört es, dass sie ein weitgehendes Einvernehmen erwirkt. Eine totale Konformität ist die Folge.

»Neusprech« heißt die Idealsprache in George Orwells Überwachungsstaat. Es hat komplett »Altsprech« zu ersetzen. Neusprech hat nur das Ziel, den Gedankenspielraum einzuengen. Gedankendelikte sollten schon dadurch unmöglich gemacht werden, dass die Wörter, die dafür notwendig wären, aus dem Vokabular entfernt werden. So wird auch das Wort »Freiheit« beseitigt. Bereits in dieser Hinsicht unterscheidet sich Orwells Überwachungsstaat vom digitalen Panoptikum von heute, das gerade von der Freiheit exzessiv Gebrauch macht.

Orwells Überwachungsstaat mit Teleschirmen und Folterkammern ist etwas ganz anderes als das digitale Panoptikum mit Internet, Smartphone und Google Glass, das vom Schein grenzenloser Freiheit und Kommunikation beherrscht ist. Hier wird nicht gefoltert, sondern gepostet und getwittert. Die Überwachung, die mit der Freiheit zusammenfällt, ist wesentlich effizienter als jene Überwachung, die gegen die Freiheit gerichtet ist.

Die Machttechnik des neoliberalen Regimes ist nicht prohibitiv oder repressiv, sondern seduktiv. Eingesetzt wird eine smarte Macht. Sie verführt, statt zu verbieten. Sie setzt sich nicht im Gehorchen, sondern im Gefallen durch. Man unterwirft sich dem Herrschaftszusammenhang, während man konsumiert und kommuniziert, ja, während man

Like-Buttons klickt. Die smarte Macht schmiegt sich der Psyche an, schmeichelt ihr, statt sie zu unterdrücken oder zu disziplinieren. Sie erlegt uns kein Schweigen auf. Vielmehr fordert sie uns permanent dazu auf, mitzuteilen, zu teilen, teilzunehmen, unsere Meinungen, Bedürfnisse, Wünsche zu kommunizieren und unser Leben zu erzählen. Wir haben heute mit einer Machttechnik zu tun, die nicht unsere Freiheit verneint oder unterdrückt, sondern sie ausbeutet. Darin besteht die heutige Krise der Freiheit.

Das Prinzip der Negativität, das den Überwachungsstaat von Orwell bestimmt, weicht dem Prinzip der Positivität. Das heißt: Bedürfnisse werden nicht unterdrückt, sondern angeregt. Kommunikation wird nicht unterdrückt, sondern maximiert. An die Stelle der durch Folter erpressten Geständnisse treten die freiwillige Ausstellung der Privatsphäre und die digitale Ausleuchtung der Seele. Smartphone ersetzt Folterkammer.

Benthams Großer Bruder ist zwar unsichtbar, aber er ist allgegenwärtig in den Köpfen der Insassen. Im digitalen Panoptikum fühlt sich dagegen niemand wirklich überwacht. Daher ist der Terminus »Überwachungsstaat« nicht ganz geeignet, um das digitale Panoptikum von heute zu charakterisieren. In ihm fühlt man sich frei. Aber gerade diese gefühlte Freiheit, die Orwells Überwachungsstaat ganz fehlt, ist ein Problem. Sie verhindert den Widerstand.

1987 kam es zu heftigen Protesten gegen die Volkszählung. Heute gibt sich Überwachung als Freiheit. Freiheit erweist sich als Kontrolle.

Legendär ist der Werbespot von Apple, der 1984 während des Super Bowl über den Bildschirm flackerte. In ihm inszeniert sich Apple als Befreier gegen Orwells Überwachungsstaat. Im Gleichschritt betreten willenlos und apathisch wirkende Arbeiter eine große Halle und lauschen der fanatischen Rede des Großen Bruders auf dem Teleschirm. Da stürmt eine Läuferin in die Halle, verfolgt von der Gedankenpolizei. Sie läuft unbeirrt nach vorn, vor ihrem wogenden Busen trägt sie einen großen Vorschlaghammer. Entschlossen rennt sie auf den Großen Bruder zu und schleudert den Hammer mit voller Wucht in den Teleschirm, der daraufhin lichterloh explodiert. Die Menschen erwachen aus ihrer Apathie. Eine Stimme verkündet: »On January 24th, Apple Computer will introduce Macintosh. And you'll see why 1984 won't be like ›1984‹.« Entgegen Apples Botschaft aber markiert das Jahr 1984 nicht das Ende des Überwachungsstaats, sondern den Beginn einer neuartigen Kontrollgesellschaft, die in ihrer Effizienz den Überwachungsstaat von Orwell um ein Vielfaches übertrifft.

Es ist kürzlich bekannt geworden, dass die NSA in internen Unterlagen Steve Jobs als Big Brother bezeichnet. Handy-User heißen dort »Zombies«. Und es ist auch konsequent, dass dort von »Smartphone-Ausbeutung« die Rede ist.

Die NSA ist aber nicht das eigentliche Problem. Nicht nur Google oder Facebook, sondern auch Datenfirmen wie das global agierende Marketing-Unternehmen Acxiom sind von der Datensammelwut erfasst. Allein in den USA verfügt das Unternehmen über Daten von 300 Millionen US-Bürgern, also von fast allen. »Wir geben Ihnen einen 360-Grad-Blick auf Ihre Kunden«, so heißt der panoptische Werbeslogan von Acxiom. Angesichts dieser Entwicklung ist Edward Snowden weder Held noch Verbrecher. Er ist ein tragisches Phantom in einer Welt, die ein digitales Panoptikum geworden ist.

Transparent ist nur das Tote

Kaum ein anderes Schlagwort beherrscht heute den öffentlichen Diskurs so sehr wie das der Transparenz. Sie wird vor allem im Zusammenhang mit der Informationsfreiheit emphatisch beschworen. Wer aber die Transparenz allein auf Fragen der Korruption oder Demokratie reduziert, verkennt ihre Tragweite. Die Transparenz manifestiert sich heute als ein systemischer Zwang, der alle gesellschaftlichen, ökonomischen und politischen Prozesse erfasst und sie einer tiefgreifenden Veränderung unterwirft.

Die Transparenzgesellschaft ist eine Positivgesellschaft. Transparent werden die Dinge, wenn sie jede Negativität abstreifen, wenn sie geglättet und eingeebnet werden, wenn sie sich widerstandslos in glatte Ströme des Kapitals, der Kommunikation und Information einfügen. Transparent werden die Handlungen, wenn sie sich dem berechen-, steuer- und kontrollierbaren Prozess unterordnen. Transparent werden die Dinge, wenn sie ihre Singularität ablegen und sich ganz in Preis ausdrücken. Transparent werden die Bilder, wenn sie, von jeder hermeneutischen Tiefe, ja vom Sinn befreit, pornografisch werden. In ihrer Positivität ist die Transparenzgesellschaft eine Hölle des Gleichen.

Die Kommunikation erreicht dort ihre maximale Geschwindigkeit, wo das Gleiche auf das Gleiche antwortet, wo eine Kettenreaktion des Gleichen stattfindet. Die Negativität der Anders- und Fremdheit oder die Widerständigkeit des Anderen stören und verzögern die glatte Kommunikation des Gleichen. Die Transparenz stabilisiert und beschleunigt das System dadurch, dass sie das Andere oder das Abweichende eliminiert. In einer Tagebuchnotiz schreibt Ulrich Schacht: »Neues Wort für Gleichschaltung: Transparenz.«

Das Wort Transparenz setzt sich aus den lateinischen Wörtern *trans* und *parere* zusammen. *Parere* bedeutet ursprünglich: auf jemandes Befehl hin erscheinen oder sichtbar sein. Wer »pariert«, ist sichtbar, gehorcht ohne Widerspruch. Schon von seinem etymologischen Ursprung her haftet dem Wort Transparenz etwas Gewaltsames an. Entsprechend wird sie heute als Instrument der Kontrolle und Überwachung in den Dienst genommen.

Merkwürdigerweise glich jener unglückliche Fernsehauftritt des Bundespräsidenten, in dem er sich den Fragen der Journalisten von ZDF und ARD stellte, einem polizeilichen Verhör. Immer wieder betonte Wulff, »er wolle Vertrauen schaffen durch Transparenz«. Auch das Motto einer Hamburger Volksinitiative für ein Transparenzgesetz lautet: »Transparenz schafft Vertrauen«. Dieses Motto verbirgt in sich einen Widerspruch. Vertrauen ist nur möglich in einem Zustand zwischen Wissen und Nichtwissen. Weiß ich im Vorfeld alles, erübrigt sich das Vertrauen. Die Transparenz ist ein Zustand, in dem jedes Nichtwissen eliminiert ist. Wo die Transparenz herrscht, ist kein Raum für das Vertrauen. Statt »Transparenz schafft Vertrauen« sollte es eigentlich heißen: »Transparenz schafft Vertrauen ab«.

Die Forderung nach Transparenz wird gerade da laut, wo kein Vertrauen mehr vorhanden ist. Die Transparenzgesellschaft ist eine Gesellschaft des Misstrauens, die aufgrund des schwindenden Vertrauens auf Kontrolle setzt. Für eine politische Persönlichkeit, die in der Bevölkerung ein tiefes Vertrauen genösse, wäre schon die leiseste Forderung nach Transparenz eine Entwürdigung. Die lautstarke Forderung nach Transparenz weist gerade darauf hin, dass das moralische Fundament der Gesellschaft brüchig geworden ist, dass moralische Werte wie Ehrlichkeit oder Aufrichtigkeit immer mehr an Bedeutung verlieren. An die Stelle der wegbrechenden moralischen Instanz tritt die Transparenz als neuer gesellschaftlicher Imperativ.

Der Ruf nach Transparenz geht mit einem Beschleunigungsdruck einher. Die konventionellen Parteien mit ihren Ideologien und Machtstrukturen sind zu langsam und zu unflexibel. Die sogenannte Liquid Democracy der Piratenpartei lässt sich als ein Versuch interpretieren, der Schwerfälligkeit, ja der Rigidität der auf dem Parteiensystem beruhenden Demokratie entgegenzuwirken. Auf der Webseite der Piratenpartei wird die Praxis der Liquid Democracy sehr anschaulich: »Für Steuerrecht möchte ich gerne durch die Partei SPD, für Umweltpolitik durch die Partei die Grünen und für die Schulpolitik durch die Privatperson Herr Müller vertreten werden. Für die Entscheidung über das neue Hochschul-Zulassungsgesetz an den Universitäten möchte ich aber selbst abstimmen.« Die Liquid Democracy ohne Versammlungen und Machtwort schafft in Wirklichkeit die auf Parteien beruhende repräsentative Demokratie ab. Das Expertenwissen ersetzt die politische Willensbildung. Der Stellenwert der Parteien sinkt auf das Niveau der Privatperson Herr Müller ab. Sie wären keine Partei mehr.

Man kann es auch so sagen: Die Piratenpartei ist eine Antipartei, ja die erste Partei ohne Farbe. Die Transparenz ist farblos. Farben sind dort nicht als Ideologien, sondern nur als ideologiefreie Meinungen zugelassen. Die Beschleunigung und Flexibilisierung besteht darin, Farben situativ zu wechseln. Die Liquid Democracy beschleunigt zwar die Entscheidungsprozesse und macht sie flexibel, sie verkommt aber letzten Endes zu einer Demokratie des »Gefällt mir«-Buttons.

Die Politik weicht damit der Verwaltung gesellschaftlicher Bedürfnisse, die den Rahmen bereits existierender sozioökonomischer Verhältnisse unverändert lässt und darin verharrt. Auch die Transparenz stabilisiert das System effektiv. Mehr an Information bringt allein keine systemische Erneuerung oder Veränderung hervor. Der Transparenz fehlt jede Negativität, die das vorhandene politisch-ökonomische System infrage stellen würde.

Nicht weniger naiv ist die Ideologie der »Post Privacy«, die im Namen der Transparenz eine totale Preisgabe der Privatsphäre fordert. Den Vertretern dieser neuen Strömung im Netz wäre zu sagen: Der Mensch ist nicht einmal sich selbst transparent. Freud zufolge verneint das Ich gerade das, was das Unbewusste schrankenlos bejaht und begehrt. Das »Es« bleibt dem Ich weitgehend verborgen. Durch die menschliche Psyche geht also ein Riss, der das psychische System nicht mit sich übereinstimmen lässt. Dieser fundamentale Riss als Ort der Intransparenz macht die Selbsttransparenz des Ich unmöglich. Sie wäre nur als eine vielleicht notwendige Illusion denkbar. Auch zwischen Personen klafft ein Riss. So lässt sich unmöglich eine interpersonale Transparenz herstellen. Sie ist auch nicht erstrebenswert.

Gerade die fehlende Transparenz des anderen erhält die Beziehung lebendig. So schreibt Georg Simmel: »Die bloße Tatsache des absoluten Kennens, des psychologischen Ausgeschöpfthabens ernüchtert uns auch ohne vorhergehenden Rausch, lähmt die Lebendigkeit der Beziehungen. Die fruchtbare Tiefe der Beziehungen, die hinter jedem geoffenbarten Letzten noch ein Allerletztes ahnt und ehrt, ist nur der Lohn jener Zartheit und Selbstbeherrschung, die auch in dem engsten, den ganzen Menschen umfassenden Verhältnis noch das innere Privateigentum respektiert, die das Recht auf Frage durch das Recht auf Geheimnis begrenzen lässt.« Angesichts des Pathos der Transparenz, das die heutige Gesellschaft erfasst, täte es not, sich im Pathos der Distanz zu üben.

Außerdem braucht die menschliche Seele offenbar Sphären, wo sie bei sich sein kann, ohne die Sorge um den Blick des anderen. Eine totale Ausleuchtung würde sie ausbrennen. Die totale Transparenz führt womöglich zu einer Art Burn-out der Seele. Das wäre auch der Sinn der Aufzeichnung von Peter Handke: »Von dem, was die anderen nicht von mir wissen, lebe ich.« Ganz transparent ist nur die Maschine. Die menschliche Seele ist aber keine Maschine. Innerlichkeit, Spontaneität und Ereignishaftigkeit, die das Leben überhaupt ausmachen, sind der Transparenz entgegengesetzt. Ja gerade die menschliche Freiheit macht die totale Transparenz unmöglich. Eine transparente Beziehung ist außerdem eine tote Relation, der jede Anziehung fehlt. Transparent ist nur das Tote. Es wäre eine Aufklärung, anzuerkennen, dass es positive, produktive Sphären des menschlichen Daseins und Mitseins gibt, die der Transparenzzwang regelrecht zugrunde richtet.

Ganz transparent ist eigentlich nur die Leere. Um diese Leere zu bannen, wird eine Masse an Information in Umlauf gebracht. Je mehr Information freigesetzt wird, desto unübersichtlicher wird die Welt. Die Informationsmasse bringt kein Licht ins Dunkel. Die Transparenz ist kein Licht, sondern eine lichtlose Strahlung, die, statt zu erhellen, alles durchdringt und durchsichtig macht. Die Durchsichtigkeit ist keine Hellsichtigkeit.

In einem Gespräch mit dem Philosophen Peter Singer im *Philosophie Magazin* legt Julian Assange ein überraschendes Bekenntnis ab. Er sei »kein großer Freund der Transparenz«. Er beschränke sich auf die »dünne Philosophie«, dass mehr Information über die Umgebung dazu beitrage, bessere Entscheidungen über die Umgebung zu treffen. Das sei das ganze Motiv seiner Aktion. Assange ist offenbar skeptisch gegenüber der Transparenz, die sich heute zur Ideologie totalisiert. Er bemerkt ferner, dass das Internet heute ein ausgeklügeltes Massenüberwachungssystem geworden sei, das sich ausbreite wie eine »Krebserkrankung«.

Um Missverständnisse zu vermeiden: Gegen die Transparenz im Namen der Bekämpfung von Korruption oder zur Verteidigung der Menschenrechte ist nichts einzuwenden. Sie ist begrüßenswert. Die Kritik an der Transparenz gilt ihrer Ideologisierung, Fetischisierung und Totalisierung. Besorgniserregend ist vor allem, dass die Transparenzgesellschaft heute in eine Kontrollgesellschaft umzuschlagen droht. Die unzähligen Überwachungskameras verdächtigen jeden von uns. Der Nacktscanner, der den Körper durchleuchtet, ist über seinen tatsächlichen Nutzen hinaus ein Symbol unserer Zeit. Das Internet erweist sich als ein digitales Panoptikum.

Alle entblößen sich – das ist die Logik der Kontrollgesellschaft. Die Kontrollgesellschaft vollendet sich dort, wo ihr Subjekt nicht durch einen fremden Zwang, sondern aus einem selbst generierten Bedürfnis heraus sich entblößt, wo also die Angst davor, seine Privat- und Intimsphäre zu verlieren, dem Bedürfnis weicht, sie schamlos zur Schau zu stellen. Die Kontrollgesellschaft folgt der Effizienzlogik der Leistungsgesellschaft. Die Selbstausbeutung ist effizienter als die Fremdausbeutung, weil sie vom Gefühl der Freiheit begleitet wird. Das Leistungssubjekt unterwirft sich einem freien, selbst generierten Zwang. Diese Dialektik der Freiheit liegt auch der Kontrollgesellschaft zugrunde. Die Selbstausleuchtung ist effizienter als die Fremdausleuchtung, weil sie mit dem Gefühl der Freiheit einhergeht.

Der Zwang zur Transparenz ist letzten Endes kein ethischer oder politischer, sondern ein ökonomischer Imperativ. Ausleuchtung ist Ausbeutung. Wer ganz ausgeleuchtet ist, ist der Ausbeutung schutzlos ausgeliefert. Die Überbelichtung einer Person maximiert die ökonomische Effizienz. Der transparente Kunde ist der neue Insasse, ja der

Homo sacer des ökonomischen Panoptikums. Das Panoptikum der Transparenzgesellschaft unterscheidet sich von dem Panoptikum der Disziplinargesellschaft dadurch, dass es keiner Fesseln, keiner Mauern, keiner geschlossenen Räume bedarf. Im Gegensatz zu den voneinander isolierten Insassen des Bentham'schen Panoptikums vernetzen sich ihre Bewohner und kommunizieren intensiv miteinander. Nicht die Einsamkeit durch Isolierung, sondern die Hyperkommunikation garantiert die Transparenz.

Die Besonderheit des digitalen Panoptikums ist dabei, dass seine Bewohner selbst an dessen Bau und an dessen Unterhaltung aktiv mitarbeiten, indem sie sich zur Schau stellen und entblößen. Deshalb vollzieht sich heute die Überwachung nicht als *Angriff auf die Freiheit* (Juli Zeh/Ilja Trojanow). Vielmehr fallen Freiheit und Kontrolle in eins – wie auch der transparente User Opfer ist und Täter zugleich. Jeder baut fleißig mit am Panoptikum der Netze.

Dataismus und Nihilismus

Die heutige Datensammelwut betrifft nicht nur die NSA. Sie ist der Ausdruck eines neuen Glaubens, den man Dataismus nennen könnte. Er erreicht im Moment fast religiöse oder totalitäre Züge. Auch die Big-Data-Euphorie huldigt diesem Glauben des digitalen Zeitalters.

Daten werden heute für jeden Zweck gesammelt. Nicht nur NSA, Acxiom, Google oder Facebook haben ungezügelten Hunger nach Daten. Auch Anhänger des Quantified Self sind dem Dataismus verfallen. Sie versehen ihren Körper mit Sensoren, die alle körperlichen Parameter automatisch aufzeichnen. Gemessen wird alles, ob Körpertemperatur, Schritte, Schlafzyklen, Kalorienzufuhr, Kalorienverbrauch, Bewegungsprofile oder sogar Gehirnwellen. Sogar bei der Meditation werden noch Herzschläge protokolliert. Selbst bei der Entspannung zählt also Leistung und Effizienz, eigentlich ein Paradox.

Nicht nur der Körper wird heute mit Sensoren ausgestattet. Immer mehr Sensoren in unserer Umwelt verwandeln uns in Daten. Gleichzeitig schweben wir in einem merkwürdigen Gefühl der Sinnlosigkeit und stürzen uns in die Hyperaktivität und Hyperkommunikation.

Können die gesammelten Daten überhaupt dazu beitragen, sich selbst besser zu verstehen? Aufzeichnungen über sich selbst waren schon in der Antike wesentlich für die Sorge um sich. Der römische Schriftsteller Tertullian nennt es *Publicatio sui* – gemeint sind die Erforschung des Selbst und das schonungslose Veröffentlichen aller Gedanken. Der Sünder sollte sich als Sünder zeigen und sich damit von seiner Sünde befreien.

Die christliche Selbstenthüllung geht mit einem Verzicht auf das selbstsüchtige Ich einher, zugunsten eines höheren Sinnzusammenhanges: *Ego non sum, ego.* Durch Verzicht auf das kleine Ego soll ein höheres Ich erreicht werden. *Publicatio sui* ist eine Praxis der Wahrheit, ist einem höheren Sinnzusammenhang verpflichtet, genau wie die antike Askese keine Diät ist.

Quantified Self hingegen ist eine bloße Technik der Optimierung der körperlichen und geistigen Leistung. Vor lauter Daten aber verfehlt der Selbstoptimierer die wirkliche Sorge um sich selbst. Es ist das Aufzeichnungssystem des selbstbezüglich gewordenen Ego.

Aus dem Ego allein ergibt sich kein Sinn. Die gesammelten Daten beantworten die Frage nicht: Wer bin ich? Das Smartphone als mobiler Beichtstuhl liefert keine Selbsterkenntnis und bietet keinen Zugang zur Wahrheit.

Aus Daten allein, wie umfassend sie auch sein mögen, ergibt sich keine Erkenntnis. Sie beantworten jene Fragen nicht, die über die Leistung und Effizienz hinausgehen. In dieser Hinsicht sind die Daten blind. Daten allein ergeben weder Sinn noch Wahrheit. Sie allein machen die Welt auch nicht transparenter. Im Gegenteil, sie wirkt gespenstischer denn je. Uns fällt auch schwer, das Wichtige vom Unwichtigen zu unterscheiden. Wir sind fast automatischen Prozessen ausgeliefert und optimieren uns, ohne wirklich zu wissen wofür.

Das Data-Wissen ist eine beschränkte, rudimentäre Form des Wissens. Es kann nicht einmal einen Kausalzusammenhang erkennbar machen. Big Data suggeriert ein absolutes Wissen. In Wirklichkeit fällt es mit dem absoluten Unwissen zusammen. Sich in Big Data zu orientieren, ist unmöglich.

Wir kommunizieren intensiv, fast zwanghaft. Eine Lücke in der Kommunikation erscheint uns unerträglich. Sie offenbart eine Leere, die durch mehr Kommunikation, durch mehr Information überbrückt werden muss.

Der Dataismus geht wohl mit einem Nihilismus einher. Der Dataismus ergibt sich aus Verzicht auf Sinn und Zusammenhänge, die Daten sollen die Sinnleere füllen. Die ganze Welt zerfällt in Daten, und wir verlieren dabei größere, höhere Zusammenhänge immer mehr aus dem Blick. In dem Sinne sind Dataismus und Nihilismus zwei Seiten einer Medaille.

Quälende Leere

Ritzen ist heute bei Jugendlichen ein Massenphänomen geworden. Millionen Jugendliche in Deutschland verletzen sich selbst. Man fügt sich absichtlich Wunden zu und empfindet dabei eine tiefe Erleichterung. Die gängige Methode ist, sich mit einer Rasierklinge in den Arm zu schneiden. Ritzen entwickelt sich zu einer regelrechten Sucht.

Wie bei jeder anderen Sucht wird der Abstand zwischen dem Ritzen kürzer und auch die Dosis erhöht sich. So werden die Schnitte immer tiefer. Die Betroffenen spüren »Ritzdruck«. Wie lässt sich die Selbstverletzung mit dem zunehmenden Narzissmus vereinbaren, der das heutige Individuum charakterisiert?

Die Selbstverletzer leiden häufig unter Depression und Angststörung. Sie werden vom Gefühl von Schuld und Scham, vom angeschlagenen Selbstwertgefühl gequält. Das anhaltende Gefühl innerer Leere führt dazu, dass sie gar nichts mehr spüren. Erst beim Ritzen spüren sie überhaupt etwas.

Von Menschen, die unter Depression oder Borderline-Persönlichkeitsstörung (BPS) leiden, hört man oft die Klage: »Ich spüre mich nicht«. Gerade unter Selbstverletzern haben viele Depression oder BPS. Ritzen ist offenbar ein ganz verzweifelter Versuch, sich selbst zu spüren, ein Gefühl für sich selbst wieder herzustellen. Der Körper weint rote Tränen. Ich blute, also bin ich.

Authentizität ist eine neoliberale Produktionsstrategie. Das Ich wird dem Zwang unterworfen, als Unternehmer seiner selbst permanent sich zu produzieren. Wem das nicht gelingt, der greift zur Rasierklinge.

Woher kommt das quälende Gefühl der Leere? Zunächst ist es wichtig, zwischen Narzissmus und Eigenliebe zu unterscheiden. Das Subjekt der Eigenliebe grenzt sich vom anderen ab. Hier sind klare Ich-Grenzen vorhanden, die es vom anderen unterscheiden. Beim narzisstischen Selbstbezug hingegen wird der andere so lange umgebogen, bis sich das Selbst darin wiedererkennt. Das narzisstische Subjekt nimmt die Welt in Abschattungen seiner selbst wahr.

Die verhängnisvolle Folge: Der andere verschwindet. Die Grenze zwischen dem Selbst und dem anderen verschwimmt. Das Selbst diffundiert und wird diffus. Ein stabiles Selbst entsteht erst angesichts des anderen. Der exzessive, narzisstische Selbstbezug erzeugt dagegen ein Gefühl der Leere. Das Ich ertrinkt im Selbst.

Heute werden die libidinösen Energien vor allem

ins Ich investiert. Die narzisstische Akkumulierung der Ichlibido führt zum Abbau der Objektlibido, das heißt der Libido, die das Objekt besetzt. Die Objektlibido erzeugt eine Objektbindung, die im Gegenzug das Ich stabilisiert. Ohne jede Objektbindung wird das Ich auf sich zurückgeworfen, was negative Gefühle wie Angst oder Leere entwickelt.

Heute gibt es viele gesellschaftliche Imperative, die zur krank machenden narzisstischen Stauung der Ichlibido führen, zum Beispiel der Imperativ der Authentizität. Dieser entfaltet einen narzisstischen Zwang zu sich, permanent sich zu befragen, sich zu belauschen, sich zu belauern, sich zu belagern und nicht zuletzt ständig sich zu beschuldigen.

Die Authentizität ist letzten Endes eine neoliberale Produktionsstrategie. Das Ich wird dem Zwang unterworfen, als Unternehmer seiner selbst permanent *sich* zu *produzieren*. Wem diese Selbstproduktion nicht gelingt, der greift eben zur Rasierklinge.

Viel Jugendliche sind heute von diffusen Ängsten geplagt, Angst, zu versagen, Angst, zu scheitern, Angst, abgehängt zu werden, Angst, einen Fehler zu machen oder eine falsche Entscheidung getroffen zu haben, Angst, den eigenen Ansprüchen nicht zu genügen. Man schämt sich für die eigene Unzulänglichkeit. Ritzen ist auch ein Ritual der Selbstbestrafung.

Das mangelnde Selbstwertgefühl, das der Selbstverletzung zugrunde liegt, weist auf eine allgemeine Gratifikationskrise unserer Gesellschaft hin.

Jeder von uns ist liebesbedürftig. Erst die Liebe des anderen stabilisiert das Ich. Der narzisstische Selbstbezug wirkt dagegen destabilisierend.

Für ein stabiles Selbstwertgefühl muss ich mich selbst wichtig finden. Dafür brauche ich aber die Vorstellung, dass ich für andere wichtig bin. Sie mag diffus sein, aber sie ist unerlässlich für das Gefühl, wichtig zu *sein*. Das fehlende Seinsgefühl ist verantwortlich für die Selbstverletzung. Ritzen ist vielleicht einfach ein Schrei nach Liebe.

Das Selbstwertgefühl kann ich nicht selbst produzieren. Dafür bin ich auf die Instanz der Gratifikation durch andere angewiesen, die mich lieben, loben, anerkennen und schätzen. Die narzisstische Vereinzelung des Menschen, die Instrumentalisierung des anderen und der totale Wettbewerb gegeneinander zerstören das Gratifikationsklima.

Das Leistungssubjekt steht unter dem Zwang, immer mehr zu leisten. So kommt es nie zu einem ruhenden, abschließenden Punkt der Gratifikation. Es lebt permanent in einem Gefühl des Mangels und der Schuld. Da es nicht nur mit anderen, sondern vor allem mit sich selbst konkurriert, versucht es sich selbst zu überholen.

Schwieriger wird heute auch die primäre Gratifikation, die sich jeder Quantifizierung entzieht. Sie wird z. B. durch eine wirkliche Freundschaft gestiftet. Die Freundschaft ist eine Beziehung zum anderen, die das Ich stabilisiert und erfüllt. Den »Freunden« in den sozialen Medien fehlt die Negativität des anderen. Sie bilden eine applaudierende Masse. Sie tilgen ihre Andersheit im Like.

Das Gefühl der Leere führt zur Depression. Das depressive Leistungssubjekt ist mit sich schwer beladen. Es kommt zur narzisstischen Stauung der Ichlibido, die es krank macht. Es ist seiner selbst müde, erschöpft von sich selbst. Ganz unfähig, aus sich selbst herauszutreten, verbeißt es sich in sich selbst, was paradoxerweise zur Entleerung und Aushöhlung des Selbst führt.

Eingekapselt, in sich gefangen, verliert es jeden Bezug zum anderen. Ich berühre mich, ich spüre mich aber erst durch die Berührung des anderen hindurch. Der andere ist konstitutiv für die Bildung eines stabilen Selbst. Verschwindet der andere, gerät das Ich in eine Leere.

Manche spüren ihren eigenen Körper erst beim Ritzen. Gestört ist heute offenbar auch das Verhältnis zum eigenen Körper. Man unterwirft ihn ganz der Logik der Optimierung. Dadurch entfremdet man sich vom eigenen Körper. Man bewirtschaftet den Körper, statt ihn zu bewohnen. Bulimie und Anorexie sind pathologische Erscheinungen dieser Entwicklung. Ritzen wäre ein verzweifelter Versuch, den eigenen Körper wieder zu spüren.

Heute wird jede Form von Verletzung gemieden. Das gilt auch für die Liebe. In Liebe zu verfallen wäre schon zu viel Verletzung. Heute riskieren wir keine hohen Einsätze, weil wir den Verlust fürchten, der uns schmerzt und verletzt.

Die Kommunikation wird heute geglättet zum Austausch von Gefälligkeiten, ja Positivitäten. Negativen Gefühlen wie Trauer wird jede Sprache, jeder Ausdruck verwehrt.

Die Liebe ohne Verletzung ist aber nicht denkbar. Sie überfällt und verwundet uns. Heute wird der andere selbst als Quelle der Verletzung gemieden. Die abgelehnte Verletzung kehrt aber wieder, nämlich in Selbstverletzungen, die im Gegensatz zur Verletzung durch andere immerhin kontrolliert vonstattengehen können.

Charakteristisch für die heutige Gesellschaft ist die Beseitigung jeder Negativität. Alles wird geglättet. Dem Glatten fehlt die Negativität des Gegen. Es ist kein Gegen-Stand mehr. Das französische Wort »objection« bedeutet »Einspruch«. Das Glatte will dagegen gefallen. Es ist kein Objekt. Negativen Gefühlen wie Trauer wird jede Sprache, jeder Ausdruck verwehrt. Man könnte auch so sagen: Ritzen erlöst sie aus ihrer Sprachlosigkeit.

Der Erfolg der Depression beruht Alain Ehrenberg zufolge auf dem verlorenen Bezug zum Konflikt. Die heutige Kultur der Leistung und Optimierung lässt keine Arbeit am Konflikt zu, denn sie ist zeitintensiv. Das heutige Leistungssubjekt kennt nur zwei Zustände: Funktionieren oder Versagen. Darin ähnelt es Maschinen. Auch Maschinen kennen keinen Konflikt. Entweder funktionieren sie einwandfrei, oder sie sind kaputt.

Aus Konflikten entstehen aber Beziehungen und Identitäten. Die Person wächst und reift an der Arbeit am Konflikt. Das Verführerische am Ritzen ist, dass es angestaute destruktive Spannungen schnell abbaut ohne die zeitaufwendige Arbeit am Konflikt. Für den schnellen Spannungsabbau werden chemische Prozesse verantwortlich gemacht. Es würden körpereigene Drogen ausgeschüttet.

Spannungen kehren aber schnell wieder, was wieder den Ritzdruck erzeugt. Seine Funktionsweise ähnelt der von Antidepressiva. Auch diese unterdrücken konfliktäre Zustände und machen das depressive Leistungssubjekt wieder schnell funktionsfähig.

Auch die Selfie-Sucht hat mit der Eigenliebe wenig zu tun. Sie ist nichts anderes als Leerlauf des narzisstischen Ich, der nie zur Ruhe kommt. Angesichts der inneren Leere versucht man vergeblich *sich* zu *produzieren*, was natürlich nicht gelingt. Allein die Leere reproduziert sich. Selfies sind Selbst in Leerformen. Sie verschärfen das Gefühl der Leere.

Nicht Eigenliebe, sondern narzisstischer Selbstbezug erzeugt die Selfie-Sucht. Selfies sind schöne, glatte Oberflächen eines entleerten, ganz verunsicherten Selbst. Um der quälenden Leere zu entkommen, greift man heute entweder zur Rasierklinge oder zum Smartphone. Selfies sind glatte Oberflächen, die das leere Selbst für kurze Zeit in ein schönes Licht rücken. Wenn man sie aber umwendet, stößt man auf die mit Wunden übersäten Rückseiten, die bluten. Wunden sind also Rückseiten von Selfies.

Wäre das Pariser Selbstmordattentat gar ein perverser Versuch, sich selbst zu spüren, das zerstörte Selbstwertgefühl wiederherzustellen, die belastende Leere wegzubomben oder wegzuschießen? Ließe sich die Psychologie des Terrors mit der von Selfie und Selbstverletzung vergleichen, die auch gegen das leere Ich vorgehen? Teilten die Terroristen dasselbe Psychogramm wie die Jugendlichen, die sich selbst verletzen, die also ihre Aggression gegen sich selbst wenden?

Im Gegensatz zu Mädchen wenden die Jungen ihre Aggression bekanntlich nach außen, gegen andere. Das Selbstmordattentat wäre dann eine paradoxe Handlung, in der Selbstaggression und Fremdaggression, Selbstproduktion und Selbstzerstörung in eins fallen, eine Aggression höherer Potenz, die aber gleichzeitig als ein ultimatives Selfie imaginiert wird.

Der Knopfdruck, der die Bombe hochgehen lässt, wäre der Druck auf den Auslöser der Kamera. Hier herrscht das Imaginäre, weil die Realität, die aus Diskriminierung und Hoffnungslosigkeit besteht, nicht mehr lebenswert ist.

Der springende Mensch

Seit einiger Zeit ist häufig zu beobachten, dass vor allem junge Menschen wild herumspringen, während sie fotografiert werden. Gibt man bei Google Stichworte wie »Menschen springen« oder *»people jumping«* ein, stößt man auf unzählige Fotos, auf denen das Gehopse in allen möglichen Variationen zu bestaunen ist. Das Springen vor der Kamera scheint sich wie eine Seuche auszubreiten.

Warum springen die Menschen heute vor der Kamera? Sind wir nicht von Müdigkeit und Depression geplagt? Springen sie etwa vor Freude und Glück? Ist das Springen Ausdruck zunehmender Vitalität in unserer Gesellschaft? Oder sind die Sprünge eher pathologische Zuckungen des narzisstischen Egos?

Als Fotos früher vor allem zum Zweck des Andenkens gemacht wurden, stellte man sich brav und gesittet hin. Niemand wäre auf die Idee gekommen herumzuspringen. Damals wollte man vor allem den Augenblick festhalten, um sich später an ihn erinnern zu können. Man nahm sich zurück zugunsten des Ereignisses. Man verschwand hinter dem Augenblick oder dem Anlass, dem das Andenken galt. Niemand wollte sich selbst darstellen oder gar ausstellen. Niemand buhlte um Aufmerksamkeit. Jene Fotos hatten also keinen Ausstellungswert, sondern einen Kultwert.

Walter Benjamin weist in seiner berühmten Schrift *Das Kunstwerk im Zeitalter seiner technischen Reproduzierbarkeit* darauf hin, dass in der Fotografie der Ausstellungswert den Kultwert auf der ganzen Linie zurückdränge. Der Kultwert sei aber nicht ganz widerstandslos zurückgewichen, sondern habe eine letzte Verschanzung bezogen. Sie sei das »Menschenantlitz«. So stehe das Porträt nicht zufällig im Mittelpunkt der frühen Fotografie. Im Kult der Erinnerung an die fernen oder verstorbenen Lieben habe der Kultwert des Bildes die letzte Zuflucht gefunden. Im flüchtigen Ausdruck eines Menschengesichts leuchte aus den frühen Fotografien die Aura zum letzten Mal auf. Das sei es, was ihre schwermutvolle und mit nichts zu vergleichende Schönheit ausmache. Wo aber das Menschenantlitz aus der Fotografie sich zurückziehe, da trete erstmals der Ausstellungswert dem Kultwert überlegen entgegen.

Für die Dinge, die im Dienste des Kults stehen, ist es wichtiger, dass sie vorhanden sind, als dass sie ausgestellt und gesehen werden. Ihr Kultwert hängt von ihrer Existenz und nicht von ihrer Exposition ab. In unserer Gesellschaft dagegen, in der die Dinge, alle nun zur Ware geworden, ausgestellt werden müssen, um überhaupt zu *sein*, verabsolutiert sich der Ausstellungswert. Alles, was in sich ruht, bei sich verweilt, hat keinen Wert mehr. Den Dingen wächst nur dann ein Wert zu, wenn sie ausgestellt und gesehen werden. Auch Menschen verhalten sich wie Waren. Sie stellen sich aus, produzieren sich, um ihren Ausstellungswert zu erhöhen.

Jenes Menschenantlitz mit seinem Kultwert ist heute ganz aus der Fotografie verschwunden. Das Zeitalter des Facebook macht aus dem Menschenantlitz ein *face*, das ganz in seinem Ausstellungswert aufgeht. Das *face* ist das ausgestellte Gesicht ohne jene Aura des Blicks. Es ist die Warenform des Menschenantlitzes. Dem Blick wohnt eine Innerlichkeit, eine Zurückhaltung, eine Distanzierung inne. So ist der Blick nicht ausstellbar. Er muss zerstört werden, damit das Gesicht sich zum *face* kommodifiziert.

Erst von der Ausstellungswut her wird verständlich, warum die Menschen heute vor der Kamera herumspringen. Der Augenblick oder das Ereignis, dem der Kult der Erinnerung gälte, verschwindet. Jeder drängt sich vor und stellt sich aus. Ich soll ja Marke sein. Die Fotografie wird dadurch weltlos. Die Welt verkommt zur schönen Kulisse des Egos.

Es entsteht heute eine Fotografie ohne Erinnerung und Geschichte, eine Fotografie, die gleichsam immer auf dem Sprung ist, eine Fotografie mit ganz anderer Zeitstruktur, eine Fotografie ohne temporale Weite und Tiefe, eine Fotografie, die im

Augenblick flüchtiger Emotion aufgeht, eine Fotografie, die nicht narrativ, sondern bloß deiktisch ist. Beim Springen wird der ganze Körper wie ein Zeigefinger eingesetzt, der auf sich selbst hinweist.

Das Wesen der Fotografie ist für Roland Barthes »Es-ist-so-gewesen«. Es verleiht ihr den Kultwert. Das digitale Bild ist dagegen ohne Alter, Schicksal und Tod. Eine permanente Präsenz und Gegenwart zeichnet es aus. Es ist kein Erinnerungsmedium mehr, sondern ein Ausstellungsmedium wie das Schaufenster.

In dem Fragment *Das Heimweh ohne Heim – Der Wanderer* schreibt Nietzsche: »Der Gott, den sie sich einst aus Nichts geschaffen – was Wunders! Er ist ihnen nun zu Nichts geworden. Übereilig gleich springenden Spinnenaffen.« Diese springenden Spinnenaffen nannte Nietzsche auch »letzte Menschen«. Sie gleichen jener »Herde«, die »umherspringt«, »kurz angebunden mit ihrer Lust und Unlust, nämlich an den Pflock des Augenblicks«. Heute springen Nietzsches »letzte Menschen« vor der Kamera. Es entsteht ein neuer Mensch: Homo saliens – der springende Mensch. Dem Klang nach ist er zwar dem Homo sapiens verwandt, aber die Tugend der Einsicht und Weisheit, die den Homo sapiens auszeichnete, ist aus ihm ganz gewichen. Er springt um Aufmerksamkeit.

Woher kommen die Flüchtlinge?

Schnell und spektakulär waren die Rettungsaktionen für jene Banken, die durch die Finanzkrise von 2008 in Not gerieten. Die EU-Staaten haben sie mit 1,6 Billionen Euro vor der Pleite bewahrt. 1,6 Billionen Euro an Steuergeldern, das entspricht 13 Prozent des Bruttoinlandsprodukts der EU. Die Finanzkrise kostete allein Deutschland 187 Milliarden Euro.

Als das Überleben der Banken auf dem Spiel stand, zeigte sich Europa entschlossen und aufopferungsvoll. Wenn hingegen Menschenleben in Gefahr sind, handelt es weniger entschieden. Angela Merkels deutliches Bekenntnis zur Flüchtlingshilfe vom Dienstag ist die Ausnahme von der Regel. Dabei ist es angesichts der Flüchtlingskrise angebracht, in Erinnerung zu rufen, in welchem Maß der Westen für das Elend mitverantwortlich ist, vor dem die Menschen massenhaft fliehen.

Einige Fakten zu Afrika, jenem Kontinent, aus dem die Mehrzahl der über das Mittelmeer kommenden Bootsflüchtlinge stammt: Der europäische Kolonialismus, der unsägliches Leid über Afrika gebracht hat, setzt sich im Grunde bis heute fort, in sublimer, international erweiterter Form. Einst teilten die europäischen Kolonialmächte den afrikanischen Kontinent mit willkürlichen Landesgrenzen auf und verursachten dadurch Konflikte. Auch nach dem Ende ihrer Kolonialherrschaft haben die Europäer und die USA jahrzehntelang Despoten unterstützt, um die eigenen Interessen durchzusetzen. Nun ist es die Gier nach billigen Rohstoffen, die in Afrika zu politischer Instabilität führt und Kriege mitverursacht, die zigtausende Opfer haben. Staaten wie der Kongo zerfallen in Territorien, die von Kriegsherren mit Kindersoldaten kontrolliert werden. Diese Kriegsherren unterhalten Geschäftsbeziehungen mit westlichen Unternehmen, denen es nur um die Rohstoffe geht. Ethnische Konflikte sind Nebenschauplätze.

Die Seltenen Erden, die in den von uns heißgeliebten Produkten wie Smartphones, Tablets oder Spielkonsolen stecken, werden unter katastrophalen Arbeitsbedingungen gefördert. An dieser Ausbeutung überwiegend in China sind alle Industrieländer beteiligt. Der Wohlstand des Westens beruht auf dem Elend der anderen, eine für den globalen Kapitalismus konstitutive Asymmetrie. Gewalt und Ungerechtigkeit sind systemimmanent. Globaler Wohlstand würde der Logik des Kapitals widersprechen.

2013 schickte Frankreich seine Streitkräfte nach Mali. Vordergründig ging es um die Bekämpfung der islamischen Terroristen, aber auch hier spielten die Bodenschätze eine große Rolle. Der staatliche französische Konzern Areva fördert Uran im Nachbarstaat Niger für Europas Atomstrom. Der bei der Uranförderung entstehende Abraum liegt im Freien herum. Strahlenverseuchte Staubwolken schweben auf dem Land. In einem Spiegel-Report war schon 2010 zu lesen, dass die »Areva-Klinik« die von der Uranförderung ausgehende Krebsgefahr verschweigt und den Krebstoten die Diagnose Malaria unterstellt. Jean Ziegler führt in seinem Buch *Wir lassen sie verhungern. Die Massenvernichtung in der Dritten Welt.* wiederum eindrücklich aus, wie es weltweit zu Hungerkatastrophen kommt. Sie gehen oft auf die Politik des IWF zurück, der die Märkte der südlichen Länder für die transkontinentalen Lebensmittelkonzerne öffnen will. Der Freihandel ruiniert aber die einheimische Wirtschaft, ist Mitverursacher von Hunger und Tod. Die Expo in Mailand, die den Welthunger mit neuer Technik bekämpfen will, ist so gesehen reiner Zynismus.

Oder Osteuropa: 1999 bombardierte die Nato im Kosovokrieg das Land ohne UN-Mandat, auch die Bundeswehr flog Luftangriffe. Der von der Bundesregierung versprochene umfassende Aufbau des Landes wurde jedoch nicht realisiert. Nun schickt sie die Flüchtlinge aus dem Kosovo zurück.

Oder der Nahe und Mittlere Osten: Die europäische Militärintervention in Libyen 2011 stürzte das Land ins Chaos. Dem jetzigen Chaos in Irak ging der Irakkrieg voraus, den der Westen mit blanken Lügen begründete. Irak war ein ethnisch und religiös instabiles Gebilde mit hohem Konfliktpotenzial, ein Produkt der britischen Kolonialherrschaft, wie auch Afghanistan im 19. Jahrhundert. Mit der sowjetischen Intervention entwickelte sich der Bürgerkrieg zu einem Stellvertreterkrieg zwischen der Sowjetunion und den von den USA unterstützten Mudschaheddin.

Nun fliehen die Menschen vor den Taliban. Aber auch hier ist der Westen nicht ganz unschuldig. Rechtswissenschaftler der Stanford University und der New York University kommen in ihrer Studie *Living Under Drones* zu dem Ergebnis, die präventive Tötung durch Drohnen verringere nicht die terroristische Bedrohung. Seit dem Einsatz der Drohnen sei sie sogar größer geworden, weil er Rache und Hass schüre. Je mehr getötete Zivilisten, desto mehr Terroristen. Und der Alltag sei von Angst bestimmt.

Der »Islamische Staat« ist derzeit zweifellos die größte Bedrohung – auch ihm wurde mit dem Irakkrieg der Boden bereitet. Und man sollte bedenken, dass der radikale Islamismus und der neoliberale Kapitalismus zwei Seiten einer Medaille sind. Der Spruch der Al Qaida »Ihr liebt das Leben, und wir lieben den Tod« macht darauf aufmerksam, dass die Konsumgesellschaft mit ihrer Gesundheitshysterie, die das Leben zum sinnentleerten bloßen Leben macht, das es um jeden Preis zu verlängern gilt, und der radikale Islamismus einander bedingen. Und Geld allein stiftet keine Identität. Die Abgehängten sind nicht nur identitäts-, sondern auch hoffnungslos. Ein beredtes Beispiel sind die Jugendlichen aus Dinslaken mit hoher Arbeitslosigkeit, die in den »Heiligen Krieg« zogen.

Schließlich Syrien: Der Bürgerkrieg dort entwickelt sich zu einem Stellvertreterkrieg, in den Russland, Iran, die USA und die Golfstaaten verwickelt sind. Auch hier sollte man bedenken, dass die Golfstaaten mit ihren Ölreserven Vorposten des globalen Kapitalismus sind. Und dass Millionen Einwanderer aus Asien und Afrika dort wie Sklaven schuften, um für Wohlstand zu sorgen.

Die gefeierte Willkommenskultur, das applaudierende Mitgefühl oder der Vorwurf fehlender Solidarität an manche EU-Staaten lösen das eigentliche Problem nicht. Und Gefühle sind kurzsichtig und ebben schnell ab. Weitsicht hat nur die Vernunft, gefragt ist nun die politische Vernunft. Die endlose Quoten-Diskussion ist nur ein Alibi für die fehlende Politik. Und Grenzzäune zu errichten, ist eine Politik als Polizeiaktion, die Flüchtlinge zu Verbrechern erklärt. Nur ein entschlossenes, vernunftgeleitetes Handeln kann den Stellvertreterkrieg in Syrien und das unsägliche Elend der Flüchtlinge beenden. Europa sollte in diesem Sinne selbstbewusster werden und aus seiner Geschichte heraus mehr politische Verantwortung für die Welt übernehmen. Sonst gibt es irgendwann ein böses Erwachen.

Wo die wilden Kerle wohnen

Kants berühmte Schrift *Zum ewigen Frieden* ist auch heute, ja gerade heute, angesichts weltweit zunehmender Konflikte und sich verschärfender Flüchtlingskrise von eminenter Bedeutung. Seine Forderung nach Vernunft hat bis heute die Aktualität nicht eingebüßt. Die vernunftgeleitete Aufklärung ist ein Prozess, den es noch fortzuführen gilt.

Angesichts weltweiter Konflikte spüren heute viele schmerzlich, dass die Menschheit immer noch sehr weit vom richtigen Gebrauch der Vernunft entfernt ist, ja dass sie immer noch nicht zur Vernunft gekommen ist. Für Kant ist es die Vernunft, die den Kriegszustand als Naturzustand beendet und den Friedenszustand zur »unmittelbaren Pflicht« macht. Der von Kant vorgeschlagene Völkerbund ist ein vernunftgeleiteter »Friedensbund (foedus pacificum)«. Er unterscheidet sich vom »Friedensvertrag (pactum pacis)« darin, dass dieser einen Krieg, aber nicht den Kriegszustand als Naturzustand endgültig beendet: »Völker, als Staaten, können wie einzelne Menschen beurteilt werden, die sich in ihrem Naturzustand (d. i. in der Unabhängigkeit von äußeren Gesetzen) schon durch ihr Nebeneinandersein lädieren, und deren jeder, um seiner Sicherheit willen, von dem anderen fordern kann und soll, mit ihm in eine, der bürgerlichen ähnliche, Verfassung zu treten, wo jedem sein Recht gesichert werden kann. Dies wäre ein Völkerbund.«

Der Versuch, den Krieg, wenn auch nur scheinheilig, zu rechtfertigen, ist für Kant bereits der Beweis dafür, »dass eine noch größere, ob zwar zur Zeit schlummernde, moralische Anlage im Menschen anzutreffen sei, über das böse Prinzip in ihm doch einmal Meister zu werden«, denn »sonst würde«, so Kant weiter, »das Wort Recht den Staaten, die sich einander befehden wollen, nie in den Mund kommen«.

Kant zufolge wird der Frieden auch durch jenen »Handelsgeist« befördert, der »mit dem Kriege nicht zusammen bestehen kann und der früher oder später sich jedes Volks bemächtigt«. Die »Geldmacht« zwingt den Staat dazu, den für den Handel abträglichen Krieg abzuwehren. Dieser Frieden geht aber nicht auf die »Triebfedern der Moralität«, sondern auf den »wechselseitigen Eigennutz« zurück. Hier sorgt nicht die Vernunft, sondern die »Natur« durch den »Mechanismus in den menschlichen Neigungen« für den Erhalt des Friedens. Die Vernunft handelt dagegen nicht nach dem Eigennutz. Aus dem Grund ist sie den subjektiven »Neigungen« entgegengesetzt.

Die EU als europäische Freihandelszone, als Vertragsgemeinschaft zwischen Regierungen mit ihren nationalstaatlichen Interessen wäre für Kant kein Vernunftgebilde. Die Vernunft käme erst in dem Moment zu sich, in dem die EU als Vertragsgemeinschaft in eine demokratische Verfassungsgemeinschaft überführt wird, die humanistische Werte wie Menschenwürde oder Gleichheit, nämlich die Moralität, festschreibt. Hinderlich auf diesem Weg ist aber die »Geldmacht«, der »Handelsgeist«, der auch in der gegenwärtigen EU vorherrscht. Die EU kann sich nur dann in eine vernunftgeleitete Verfassungsgemeinschaft verwandeln, wenn sie die Geldmacht, die sich heute als Hegemonie des Kapitals behauptet, zurückdrängt.

Kants Idee des ewigen Friedens erreicht ihren Höhepunkt in seiner Forderung nach allgemeiner »Hospitalität« (Gastfreundschaft). Demnach hat jeder Fremde ein Bleiberecht in einem anderen Land. Er kann sich dort aufhalten, ohne feindselig behandelt zu werden, »solange er auf seinem Platz sich friedlich verhält«. Niemand habe »an einem Orte der Erde zu sein mehr Recht als der andere«, so Kant. Die Globalisierung der Welt, auf die Kant tatsächlich hinweist, müsse einhergehen mit einer weltbürgerlichen Verfassung.

Kant verweist vor allem auf das »inhospitale Betragen der gesitteten, vornehmlich handeltreibenden Staaten«. Die »Ungerechtigkeit, die sie in dem Besuche fremder Länder und Völker (welches ihnen mit dem Erobern derselben für einerlei gilt) beweisen«, gehe »bis zum Erschrecken weit«! An dieser Stelle prangert Kant scharf die europäischen Staaten für ihre grausamsten Ausbeutungszüge und menschenverachtende Sklaverei an. Sie tränken »Unrecht wie Wasser«, so Kant, und wollten »sich in der Rechtgläubigkeit für Auserwählte gehalten wissen«. Sie hätten sich in den fremden Ländern nicht wie ein Gast, sondern wie ein Räuber verhalten. Im Gegensatz zu den »europäischen Wilden« verhalten sich die Flüchtlinge oder die Asylsuchenden, die heute Europa betreten, als Gast und sind friedlich, so würde Kant heute behaupten.

Die Hospitalität ist keine utopische Vorstellung, die auf der Menschenliebe beruht, sondern eine zwingende Idee der Vernunft selbst: »Es ist hier, wie in den vorherigen Artikeln, nicht von Philanthropie, sondern vom Recht die Rede, und da bedeutet Hospitalität (Wirtbarkeit) das Recht eines Fremdlings, seiner Ankunft auf dem Boden eines anderen wegen, von diesem nicht feindselig behandelt zu werden.« Die Hospitalität sei »keine phantastische und überspannte Vorstellungsart des Rechts, sondern eine notwendige Ergänzung des ungeschriebenen Kodex, sowohl des Staats- als Völkerrechts zum öffentlichen Menschenrechte überhaupt, und so zum ewigen Frieden, zu dem man sich in der kontinuierlichen Annäherung zu befinden nur unter dieser Bedingung schmeicheln darf.« Das inhospitale Betragen mancher europäischer Staaten in der gegenwärtigen Flüchtlingskrise stellt eine große Gefahr, einen empfindlichen Rückfall dar. Es gleicht einer neuen Barbarei.

Die Vernunft im Kant'schen Sinne formuliert eine allgemeine Regel, die ihren Träger übers Eigeninteresse erhebt. Die Flüchtlingspolitik der EU droht heute an der Vernunftlosigkeit mancher ihrer Mitgliedsstaaten, an ihrem egoistischen Festhalten am Eigeninteresse zu scheitern. Der Eigennutz ist keine Kategorie der Vernunft, sondern des Verstandes. Die Orientierung am Eigennutz ist wohl rational, aber nicht vernünftig. Ihr fehlt die Moralität. Wer sich am Eigennutz orientiert, handelt nicht nach den »Triebfedern der Moralität«. Der Eigennutz ist eine menschliche »Neigung«, die es zugunsten der Vernunft zu überwinden gilt. Die Neigungen machen uns unfrei. Allein die sich gesetzgebende moralische Vernunft verspricht die Freiheit. Angesichts der Flüchtlingskrise ist jüngt behauptet worden: »Wer nur Mitleid empfindet, der hat keinen Verstand.« Kant würde entgegnen: »Wer nur Verstand hat, der hat keine Vernunft.« Wenn jemand sogar auf den hohen Preis hinweisen würde, den ein elternloses Flüchtlingskind kostet, so würde Kant ausdrücklich auf seine Würde hinweisen, die es unbedingt zu wahren gilt. Der Preis gehört in die Kategorie des Verstandes, die Würde hingegen in die der Vernunft.

Wirtschaftsverbände weisen heute eindringlich darauf hin, dass Deutschland von der Zuwanderung profitieren würde, dass die Flüchtlinge den Fachkräftemangel entschärfen und dem Land gar eine demografische Verjüngung bescheren würden, dass sie also mehr Nutzen als Schaden bringen würden. Das mag durchaus sein. Aber die Diskussion darüber, wie wir mit den Flüchtlingen umgehen sollten, muss jenseits des Nutzenkalküls geführt werden.

Die Frage nach dem Nutzen degradiert die Vernunftentscheidung zu einem rationalen Kalkül. Die moralische Vernunft sollte Vorrang haben gegenüber dem berechnenden Verstand. Die Moralität unterscheidet sich grundsätzlich vom Geschäft und Kalkül. Sie ist in gewisser Hinsicht blind. Gerade darin besteht ihre unkorrumpierbare Kraft, ihre Humanität.

In dem heutigen Hyperkapitalismus gilt nur der Preis. Dort gibt es keinen Platz für die Würde. Das Kapital unterwirft sich heute alles. Lifetime value heißt die Summe der Werte, die sich aus einem Menschen als Kunden schöpfen lassen, wenn jeder Augenblick seines Lebens kommerzialisiert wird. Die menschliche Person wird hier auf den Kundenwert oder Marktwert reduziert. Dem Begriff liegt die Intention zugrunde, die ganze Person, ihr gesamtes Leben in rein kommerzielle Werte zu übersetzen. Der Hyperkapitalismus löst auch die menschliche Existenz gänzlich in ein Netz kommerzieller Beziehungen auf. Es gibt heute keinen Lebensbereich mehr, der sich der kommerziellen

Verwertung entzöge. Der Hyperkapitalismus macht alle menschlichen Beziehungen zu kommerziellen Beziehungen. Er nimmt dem Menschen die Würde und ersetzt sie komplett durch den Marktwert. Die Welt ist heute ein einziges Warenhaus geworden. Würde die EU als europäisches Warenhaus Räume weit öffnen für die Flüchtlinge? Flüchtlinge gehören wohl nicht in ein Warenhaus.

Deutschland kann sich nur dann als eine vernunftgeleitete Kulturnation behaupten, wenn es konsequent seinen moralischen Werten wie Menschenwürde Folge leistet. Wir sind nicht bloß zur Solidarität oder zum Mitgefühl, sondern vor allem zur Vernunft verpflichtet. Die Vernunft ist viel stabiler und verlässlicher als bloßes Mitgefühl. Die Flüchtlingskrise wäre für Deutschland sogar eine große historische Chance, sich der Welt als ein moralisch erwachsenes, zuverlässiges Land zu beweisen, in dem die Vernunft herrscht.

Jeder Populismus hinsichtlich der Flüchtlingskrise verrät die Vernunft. Auch Politiker wie Viktor Orban verabschieden sich gänzlich von der Vernunft und sinken wieder zu jenen »europäischen Wilden« ab. Und bei den Rechtsradikalen, die nun die Flüchtlinge angreifen und ohne jede Scheu Gewalt anwenden, kommen gerade, so würde Kant sagen, die »Rohigkeit, Ungeschliffenheit und viehische Abwürdigung der Menschheit« zum Vorschein.

In dem bisher wenig beachteten »Anhang« zum »ewigen Frieden«, »Über die Misshelligkeit zwischen der Moral und der Politik, in Absicht auf den ewigen Frieden«, macht Kant auf die Notwendigkeit aufmerksam, die Politik und die Moral zu vereinigen. Die Moral ist für Kant der »Inbegriff von unbedingt gebietenden Gesetzen«. Die wahre Politik könne »keinen Schritt tun, ohne vorher der Moral gehuldigt zu haben«. Auch heute gibt es insofern eine große Misshelligkeit zwischen der Moral und der Politik, als diese sich nicht den Gesetzen der Vernunft, sondern allein den ökonomischen Zwängen unterwirft. Die Ökonomie ist keine Kategorie der Vernunft. Der Moral weicht die »Klugheitslehre«, eine »Theorie der Maximen«, »zu seinen auf Vorteil berechneten Absichten die tauglichsten Mittel zu wählen. Sie leugnet, dass »es überhaupt eine Moral gebe«.

Die Politik verkümmert heute, in der Sprache der Luhmann'schen Systemtheorie, zu einem Teilsystem, dessen Medium Macht ist, während die Ökonomie sich zu einem Supersystem entwickelt, das alle gesellschaftlichen Bereiche als seine Teilsysteme sich einverleibt. Selbst das System Moral scheint von jenem Supersystem vereinnahmt worden zu sein, denn ein wenig Moral verkauft sich heute gut. Die Politik als unterworfenes Teilsystem kann kaum Einfluss nehmen auf das System Ökonomie aufgrund ihrer totalen Abhängigkeit von ihm. Die Handlungsmöglichkeit, die innerhalb des politischen Teilsystems vorhanden ist, ist auf die bloße Machterhaltung reduziert. So setzt man alle Mittel ein, um an der Macht zu bleiben. Eine Vision kann sogar hinderlich sein für die Machterhaltung.

Die Politik müsste sich wieder den »Triebfedern der Moralität« und deren Werten wie Solidarität, Gerechtigkeit und Menschenwürde unterwerfen. Dafür müsste die »Geldmacht«, die Hegemonie des Kapitals zurückgedrängt oder zumindest hintangestellt werden. Die Politik, der jede Moralität fehlt, degradiert die EU zu einem Markt oder zu einem Warenhaus mit wachsender Ungerechtigkeit. Ein Warenhaus ist aber kein Gasthaus. Es tut not, dass Europa sich über den »Handelsgeist«, über den Eigennutz erhebt und sich als ein Gasthaus zeigt.

Wer ist Flüchtling?

»We Refugees« heißt ein Aufsatz von Hannah Arendt, der 1943 in der Zeitschrift *The Menorah Journal* erschien. Sie verabschiedet sich dort in wohltuender Weise vom herkömmlichen Begriff des Flüchtlings. Sie schreibt: »Als Flüchtling hatte bislang gegolten, wer aufgrund seiner Taten oder seiner politischen Anschauungen gezwungen war, Zuflucht zu suchen; die meisten unter uns hegten nicht einmal im Traum irgendwelche radikalen politischen Anschauungen. Mit uns hat sich die Bedeutung des Begriffs ›Flüchtling‹ gewandelt. ›Flüchtlinge‹ sind heutzutage jene unter uns, die das ›Pech‹ hatten, mittellos in einem neuen Land anzukommen, und auf die Hilfe der Flüchtlingskomitees angewiesen sind.« So werde sie sich nicht als »Flüchtling«, sondern eher als »Neuankömmling« oder als »Einwanderer« bezeichnen. Arendt schwebt an dieser Stelle eine ganz neue, vielleicht eine kommende Figur des Flüchtlings vor. Er ist einfach jemand, der in Erwartung eines besseren Lebens sich in ein neues Land begibt.

Arendt beschreibt die Figur des »optimistischen

Flüchtlings« wie folgt: »Die größten Optimisten unter uns gingen gewöhnlich sogar so weit zu behaupten, sie hätten ihr gesamtes vorheriges Leben in einer Art unbewusstem Exil verbracht und erst von ihrem neuen Leben gelernt, was es bedeutet, ein richtiges Zuhause zu haben. Die Optimisten unter uns sind schon nach einem Jahr der festen Überzeugung, sie sprechen Englisch so gut wie ihre eigene Muttersprache; und nach zwei Jahren schwören sie feierlich, dass sie Englisch besser beherrschten als irgendeine andere Sprache – an die deutsche Sprache erinnern sie sich kaum noch.« Um zu vergessen, vermeide diese Spezies der Flüchtlinge jede Anspielung auf die Konzentrations- und Internierungslager, die sie zu »Pessimisten« machen würde. Hannah Arendt zitiert die Worte eines Landsmannes, der, kaum in Frankreich angekommen, einen der sogenannten Anpassungsvereine gegründet hat: »Wir sind in Deutschland gute Deutsche gewesen, und deshalb werden wir in Frankreich gute Franzosen werden.« Der ideale Einwanderer ist Arendt zufolge wie jene »füllige Frau, die sich über jedes neue Kleid freut, das ihr die begehrte Taille verspricht«.

Im Sinne von Hannah Arendt war ich selbst ein optimistischer Flüchtling. Ich wollte in einem neuen Land ein Leben leben, das mir in meinem Heimatland nicht möglich war. Die Erwartungen meines Umfeldes und dessen konventionelle Strukturen hätten es mir nicht erlaubt, ganz anders, radikal anders zu leben, ja zu denken. Ich war damals 22 Jahre alt. Nach dem Studium der Metallurgie in Korea wollte ich in Deutschland Philosophie, Literatur und Theologie studieren. Auf dem Campus meiner Universität in Seoul schaute ich oft zum Himmel und dachte mir, er ist zu schön, als dass ich unter diesem Himmel das ganze Leben als Metallurg verbringen wollen würde. Ich träumte von einem schöneren, besseren Leben. Ich wollte über das Leben philosophisch nachdenken. Ich ergriff die Flucht nach Deutschland. So kam ich mit 22 mittel- und sprachlos in Deutschland an. Damals sprach ich kaum Deutsch.

Am Anfang war ich, wie jeder optimistische Flüchtling, mit sozialer Einsamkeit konfrontiert. Sie ist schmerzhaft. So spüre ich tief den Schmerz der Flüchtlinge von heute. Ich leide mit ihnen. Es war schwer, mich mit meinem schlechten Deutsch in die sozialen Strukturen zu integrieren. Fehlende Sprachkenntnisse waren das Haupthindernis des von mir angestrebten Einlebens (von der sogenannten Integration möchte ich nur ungern sprechen). Dann hat sich die Liebe als beste Strategie zum Einleben erwiesen. Eine deutsche Frau, die mich liebt, würde, so dachte ich mir schlicht, mir zuhören und mir die deutsche Sprache schnell beibringen, um zu verstehen, was ich über sie denke, was für Gefühle ich ihr gegenüber empfinde et cetera. Ich war fast gierig nach jedem neuen deutschen Wort. Ich wollte Deutsch, meine Ambition war, so zu sprechen wie Deutsche. Dieser Strategie folgte bekanntlich auch Willy Brandt. Schon binnen weniger Monate seines Exils verfasste er Artikel und Reden auf Norwegisch. Während er unter dem Pseudonym Gunnar Gaasland in Berlin im Untergrund lebte, sprach er Deutsch mit norwegischem Akzent. Es war offensichtlich nicht nur seine sprachliche Begabung, sondern seine Sprachgier, ja, seine Gier nach Liebe, die bei ihm den Erwerb einer Fremdsprache dermaßen beschleunigte.

Ein Jahr nach der Ankunft in Deutschland glaubte ich wie jener optimistischste Flüchtling von Hannah Arendt, dass ich Deutsch besser beherrsche als irgendeine andere Sprache. Auch der Patriotismus ist für Hannah Arendt eine reine »Übungssache«. Der »ideale Einwanderer« ist jener, der »sofort die einheimischen Berge entdeckt und liebt«. Er ist ein Patriot, ein Landliebender. Er liebt das Land, in dem er sich neu einrichtet. Auch ich liebe dieses Land. Ich habe mich eines Tages einbürgern lassen und habe dafür den koreanischen Pass aufgegeben. Nun bin ich ein Deutscher. Inzwischen spreche ich Deutsch besser als meine Muttersprache, die nun wirklich zu einer bloßen Muttersprache verkommen ist. Ich spreche Koreanisch nämlich nur mit meiner Mutter. Meine Muttersprache ist mir nun fremd geworden. Ich liebe Deutschland. Ich würde mich sogar als Patriot, als Landliebenden bezeichnen. Ich bin auf jeden Fall patriotischer als Petry, Gauland und Höcke zusammen. Mit ihrem verantwortungslosen

Populismus entwürdigen sie Deutschland, mein Land, das für mich immer ein sehr gastfreundliches Land gewesen ist.

Wer ein guter Bürger im Herkunftsland war, wird auch im neuen Land ein guter Bürger sein. Wir sollten diese »Neuankömmlinge« weiterhin willkommen heißen. Wer bereits im Herkunftsland kriminell war wie Anis Amri, wird im neuen Land weiterhin kriminell bleiben. Wir werden ihn abweisen. Wir sollten den Neuankömmlingen hingegen ein Umfeld anbieten, in dem sie gute Bürger werden können.

Was heißt aber, ein guter Bürger zu sein? Ich bin der zweite Koreaner, der an der Berliner Universität der Künste Professor geworden ist. Der erste koreanische Professor der UdK Berlin hieß Isang Yun. Er war ein bedeutender Komponist. Er war ein politischer Mensch. In den sechziger Jahren protestierte er heftig gegen die damalige Militärdiktatur in Südkorea. Er wurde 1967 mitten in Deutschland vom südkoreanischen Geheimdienst entführt. In Seoul wurde er zu lebenslanger Haft verurteilt. Nach seiner frühzeitigen Entlassung kehrte er nach Deutschland zurück, nun vom südkoreanischen Regime ausgebürgert. Er wurde Flüchtling und ließ sich in Deutschland einbürgern. Vielleicht würde er aber wie Hannah Arendt bestreiten, dass er ein Flüchtling sei. »Ich bin ein guter, optimistischer Einwanderer«, hätte er wie Hannah Arendt gesagt. Sein Deutsch war exzellent.

Ein guter Bürger ist gut aus seiner Gesinnung heraus. Er teilt die moralischen Werte wie Freiheit, Brüderlichkeit und Gerechtigkeit. Sein Handeln gegen das herrschende politische System mag von diesem kriminalisiert werden. Aber er ist trotzdem aufgrund seiner moralischen (im Kantischen Sinne) Gesinnung ein guter Bürger und auch ein Patriot, ein Land- und Menschenliebender.

In den letzten Jahren seines Lebens war Isang Yun wegen offen ausbrechender Fremdenfeindlichkeit im wiedervereinigten Deutschland verzweifelt. Angesichts der applaudierenden Masse vor dem in Brand gesetzten Wohnheim für ehemalige vietnamesische Vertragsarbeiter in Rostock-Lichtenhagen zeigte er sich bestürzt. Und er war enttäuscht, denn er liebte Deutschland. Das Geschehen in Rostock glich auch in meinen Augen einem Pogrom. Im Moment beunruhigt mich die angesichts vieler Flüchtlinge wieder aufflammende Fremdenfeindlichkeit in Deutschland und in anderen europäischen Ländern. Am liebsten möchte ich erneut in ein Traumland, in ein gastfreundliches Land flüchten, in dem ich wieder ganz ein Patriot, ein Landliebender sein darf.

Die Schönheit liegt im Fremden

Was ist Europa? Wie lässt sich Europa definieren? Alle liberalen Parteien bekennen sich heute zu Europa. Aber wozu bekennen sie sich denn eigentlich? Zu einem geografisch eingrenzbaren Kontinent? Oder zu einer Idee?

Aber welche Idee liegt Europa zugrunde? Wo beginnt und wo endet Europa? Russland etwa, von dem sich Europa derzeit eifrig, nicht nur wirtschaftlich, sondern auch militärisch, abzugrenzen versucht, gehört sowohl geografisch als auch kulturell zu Europa.

Ist Europa tatsächlich alternativlos? Die Alternative zu Europa wird heute genauso wie die Alternative für Deutschland gänzlich von den rechtspopulistischen Parteien beansprucht und quasi monopolisiert.

Gibt es wirklich keine Alternative zu Europa, die gerade von den liberalen Parteien beherzt vertreten werden könnte? Europa irrt heute begriffslos durch politische Diskussionen.

Ist es möglich, Europa, wenn nicht geografisch, so doch begrifflich einzukreisen? Europa, nimmt man es aber genauer unter die Lupe, erscheint recht gespenstisch.

Der Name Europa weist zunächst auf das griechische Wort *europe* hin. *Europe* ist ein Kompositum, das aus *eurys* (weit) und *ops* (Sicht) zusammengesetzt ist. Europa heißt, so gesehen, schlicht: Die mit der weiten Sicht.

Ein schöner Name eigentlich. Der griechischen Mythologie zufolge ist Europa der Name einer phönizischen Prinzessin, die Zeus in Stiergestalt nach Kreta entführte. Europas Urahnin kam paradoxerweise aus dem Orient.

Zunächst war Europa als geografischer Terminus nur auf den Peloponnes begrenzt. Bis der griechische Geograf Herodot den Begriff auf die Landmassen nördlich des Mittelmeeres ausweitete.

Europa lässt sich jedoch nicht geografisch definieren. Es fehlen eindeutige Grenzen, die Europa von Asien trennen würden. Europa ist also ein Konstrukt, das dadurch einem historischen Wandel unterworfen ist und sich dekonstruieren lässt. Heute verkommt Europa zu einem reinen wirtschaftlichen Konstrukt.

Sind etwa die Bewohner der russischen Hafenstadt Wladiwostok, die sogar östlich von Nordkorea liegt, Europäer, während ihre Nachbarn Asiaten sind? Ein Japaner oder ein Chinese würde sich nur ungern als Asiat bezeichnen.

Wenn ein Deutscher zu mir sagen würde: »Du Asiat!«, klingt das tendenziell beleidigend oder sogar rassistisch. Spätestens an der nordkoreanisch-russischen Grenze gerät der Begriff Europa ins Wanken.

Die Deutschen neigen zum Abstraktum. Sehr deutsch ist die Frage: »Was ist deutsch?« Kein Koreaner würde sich die Frage stellen: »Was ist koreanisch?« Darauf würden die Koreaner antworten: Kimchi oder Bibimbab.

Die Deutschen hingegen kommen ins Grübeln angesichts der Frage: »Was ist deutsch?« Mit allen Mitteln wird versucht, eine Definition herbeizuführen oder das »Wesen« heraufzubeschwören.

Auch Adorno fühlt sich in seiner Schrift »Was ist deutsch?« zu einer Definition verpflichtet. In dem für ihn so typischen Sprachduktus schreibt er: »In der Treue zur Idee, dass, wie es ist, nicht das letzte sein sollte – nicht in hoffnungslosen Versuchen, festzustellen, was das Deutsche nun einmal sei, ist der Sinn zu vermuten, den dieser Begriff noch behaupten mag: im Übergang zur Menschheit.«

Das Deutsche erhebt Adorno zum Gegenbild gegen den Markt und Kapitalismus, dem ihm zufolge die Amerikaner verfallen sind. Deutsch zu sein bedeutet demnach eine Verpflichtung zur Menschheit, die mit dem Kapitalismus radikal bricht.

Heute ist Europa selbst ein abstraktes ökonomisches Gebilde, das über die Köpfe der Menschen hinwegrollt. Es fügt sich restlos ins Globale. Europa als ökonomisches Abstraktum verursacht überall ein Unbehagen. Jedes Abstraktum nivelliert Unterschiede. Darin besteht seine Gewalt.

So beseitigt die Globalisierung gewaltsam alle regionalen Unterschiede, um den Kreislauf von Kapital und Kommunikation zu beschleunigen. Gerade angesichts der Gewalt der alles gleichmachenden Globalisierung erwacht die Sehnsucht nach einer Identität, die heute vor allem von den rechtspopulistischen Parteien bedient wird.

Die alles gleichmachende Globalisierung, die einer totalen Monetarisierung der Welt gleichkommt, raubt einem Sinn und Orientierung. Die ent-ortende Gewalt der Globalisierung erweckt eine Sehnsucht nach einem Ort. Die separatistischen und auch identitären Bewegungen stellen genauso wie der internationale Terrorismus eine irrationale Antwort auf die alles nivellierende Gewalt des Globalen dar. Der Terrorist versucht auf einem imaginären Weg einen Sinn zu erzwingen.

Europa ist heute nichts anderes als ein bürokratisches Wirtschaftsgebilde, eine freie Handelszone mit Mauern und Zäunen nach außen, die unliebsame Gäste vom Eintritt abhalten sollen. Die Globalisierung macht alles gleich und vergleichbar.

Jede Fremdheit wird ausgetrieben. Die Singularität des anderen stört das Globale, das sich über unsere Köpfe hinwegsetzt. Auf die Übermacht des

Globalen reagiert man heute mit Nationalismen, Regionalismen und Provinzialismen, die sich allerdings als Freiheit und Unabhängigkeit geben. Katalonien ist ein Beispiel dafür.

Angesichts dieser Entwicklung ist es nicht erstrebenswert, ein Europäer zu sein. Es ist besser, ein Deutscher zu bleiben, der sich vom anderen inspirieren lässt. Ein Franzose zu sein, der sich inspirieren lässt vom Deutschen, ist erstrebenswerter als der überall gleiche Europäer.

Auf der Frankfurter Buchmesse in diesem Jahr bemerkte der französische Präsident Emmanuel Macron: Er habe Baudelaire durch Walter Benjamin entdeckt. Also erst ein Deutscher, ein deutscher Jude, gibt dem Franzosen Baudelaire zu lesen. Der Fremde entziffert ihm das Eigene.

Der Franzose bekommt das Eigene also erst durch einen Deutschen, durch einen deutschen Juden vermittelt. Das heißt: Das Fremde ist konstitutiv für das Eigene. Ohne das Fremde sind wir dem Eigenen gegenüber blind.

Die französische Sängerin Barbara, eine französische Jüdin, reiste 1964 nach Göttingen und ließ sich von dieser fremden Stadt inspirieren. Es entstand das schöne Lied »Göttingen«, das Barbara weltberühmt machte. Gerade ihre Fantasie für den anderen verlieh Göttingen eine unverwechselbare Identität. Barbara besingt die Stadt als Ort der Liebe und der Versöhnung.

Gewiss, dort gibt es keine Seine
und auch den Wald nicht von Vincennes,
doch gäb's viel, was zu sagen bliebe
von Göttingen, von Göttingen.
Paris besingt man immer wieder,
von Göttingen gibt's keine Lieder,
und dabei blüht auch dort die Liebe
in Göttingen, in Göttingen.

Versöhnung heißt Hegel zufolge, das Allgemeine mit dem Besonderen zu vermitteln. Insofern ist das heutige Europa kein Gebilde der Versöhnung, denn es geriert sich als eine postpolitische, bürokratische Macht, die sich dem Besonderen entgegenstellt oder sich über das Besondere hinwegsetzt.

Versöhnung heißt auch Freiheit. Dem Besonderen fehlt jede Freiheit, wenn es dem abstrakt Allgemeinen unterworfen wird. Das abstrakt Allgemeine provoziert Widerstände unterschiedlichster Art.

Persönlich würde ich in Deutschland nicht unbedingt heimisch werden wollen. Deutschland bleibt meine schöne Fremde, und ich bleibe gerne ein Fremder, der sich von der Fremde inspirieren lässt. Ich bin insofern ein Patriot, das heißt, ein Landliebender, als ich Deutschland als Fremde und Deutsch als Fremdsprache liebe.

Ich liebe auch die Fremdwährung. Mich irritiert immer noch, dass ich nach Italien oder Frankreich reise und dort der gleichen Währung begegne. Es war für mich immer eine Freude gewesen, auf der Reise einen fremdländischen Schein in die Hand zu nehmen. Der überall gleiche Euro nimmt mir diese besondere Freude.

Als Kind habe ich leidenschaftlich Briefmarken gesammelt. Sie erweckten mir eine Fantasie für die Fremde. Ein Horror wäre die Einführung europäischer Briefmarken. Die Fremde besitzt für mich eine Verführungskraft. Das Gleiche, das Globale verführt und bezaubert mich nicht. Ich denke, der Geist liebt die Fremde. Ohne diese versiegt die Inspiration.

Barbara hätte es nicht angestrebt, eine Europäerin zu sein. Sie war eine französische Jüdin, die aus Verpflichtung zur Versöhnung ihre Lieder auch auf Deutsch sang. Barbaras Deutsch ist schön. Für mich ist aus der Schönheit die Fremdheit nicht wegzudenken. Jede wirkliche Schönheit ist fremd.

Das globale Englisch, aus dem jede Fremdheit getilgt ist, ist die absolute Schwundstufe der Sprache. Sehr bizarr wirken Deutsche, die sich miteinander auf Globalenglisch unterhalten. Deutsche sollten Deutsche bleiben. Sie sollten sogar so viel Eigenheiten wie möglich entwickeln, ohne ein schlechtes Gewissen zu haben.

Franzosen sollten französischer werden und nicht europäischer, ohne sich jedoch zum Front National zu bekennen. Dass wir einander fremd sind, ist nicht unbedingt ein Zustand, den es zu vermeiden gilt. Heute wird die Fremdheit beseitigt, weil sie den globalen Austausch von Kapital und Information verhindert.

Wir sind alle Konformisten geworden, die allerdings eine trügerische Authentizität für sich beanspruchen. Wir sind heute dem Konformismus des Andersseins verfallen.

Der Frieden würde endlich auf unserem Planeten einkehren, wenn jeder ein Europäer im wörtlichen Sinne sein würde, nämlich ein Mensch mit der weiten Sicht. Ein anderes Wort für die weite Sicht heißt Vernunft. Europa kann es wohl für sich beanspruchen, ein kulturelles Gebilde zu sein, in dem der Begriff Vernunft entstand.

Die Aufklärung ist eine europäische Errungenschaft. Heute entfernen wir uns aber immer mehr von der Vernunft und flüchten regressiv in die Mythologien, deren sich die Rechtspopulisten bedienen. Die Vernunft gebietet nicht Europa, sondern, wie es schon Immanuel Kant in seiner berühmten Schrift *Zum ewigen Frieden* formuliert hat, die Hospitalität, die Gastfreundschaft.

Sich daran zu erinnern tut gut in einer Zeit, die so sehr von der Hostilität, von der Feindseligkeit beherrscht ist. In Anlehnung an Adorno würde ich behaupten, dass Europäer sein nichts anderes heißt als: »im Übergang zur Menschheit«. Dann wäre ich gerne ein Europäer.

Alles eilt

»Aus Mangel an Ruhe läuft unsere Zivilisation in eine neue Barbarei aus. Zu keiner Zeit haben die Tätigen, das heißt die Ruhelosen, mehr gegolten. Es gehört deshalb zu den notwendigen Korrekturen, welche man am Charakter der Menschheit vornehmen muss, das beschauliche Element in großem Maße zu verstärken.«

(Friedrich Nietzsche,
Menschliches, Allzumenschliches)

Nicht jede Zeitform lässt sich beschleunigen. Es wäre ein Sakrileg, eine rituelle Handlung beschleunigen zu wollen. Rituale und Zeremonien haben ihre Eigenzeit, ihren eigenen Rhythmus und Takt. Alle Handlungen, die an die Jahreszeiten gebunden sind, entziehen sich ebenfalls der Beschleunigung. Liebkosungen, Gebete oder Prozessionen lassen sich nicht beschleunigen. Alle narrativen Vorgänge, zu denen auch Rituale und Zeremonien gehören, haben ihre eigene Zeit. Im Gegensatz zum Zählen lässt das Erzählen keine Beschleunigung zu. Die Beschleunigung zerstört die narrative Zeitstruktur, den Rhythmus und den Takt einer Erzählung.

Die Geschwindigkeit des Prozessors lässt sich beliebig erhöhen, weil er nicht narrativ, sondern bloß additiv arbeitet. So unterscheidet sich der Prozessor von der Prozession, die ein narratives Ereignis ist. Heute werden alle Rituale und Zeremonien abgeschafft, weil sie hinderlich sind für die Beschleunigung der Kreisläufe der Information, der Kommunikation und des Kapitals. So werden alle Zeitformen beseitigt, die nicht der Logik der Effizienz gehorchen.

Die Beschleunigung benennt die heutige Zeitkrise. Alles wird schneller. Überall werden Entschleunigungspraktiken angeboten und angepriesen. Die wirkliche Zeitkrise ist aber, dass uns jene Zeitformen abhandengekommen sind, die keine Beschleunigung zulassen, Zeitformen, die eine Erfahrung der Dauer möglich machen. Heute hat sich die Arbeitszeit zu der Zeit schlechthin totalisiert. Sie ist die Zeit, die sich beschleunigen und ausbeuten lässt. Die Entschleunigungspraktiken bringen hier keine andere Zeit hervor. Sie verlangsamen nur die Arbeitszeit, statt diese in eine ganz andere Zeit zu verwandeln.

Die Erfahrung von Dauer ist heute kaum möglich. Die Arbeitszeit lässt sie nicht zu. Sie ist keine narrative, sondern eine additive, ja kumulative Zeit. Die fehlende Dauer vermittelt uns ein Gefühl, alles beschleunige sich heute. Die Ursache der schwindenden Dauer ist aber nicht, wie man irrtümlicherweise annimmt, die Beschleunigung. Wie eine Lawine stürzt die Zeit vielmehr gerade deshalb fort, weil sie in sich keinen Halt mehr hat, weil nichts der Zeit Dauer verleiht. Jene Gegenwartspunkte, zwischen denen keine temporale Anziehungskraft und Spannung mehr besteht, weil sie bloß additiv sind, lösen den Fortriss der Zeit aus, der zur richtungs-, das heißt sinnlosen Beschleunigung führt.

Der Sinn stiftet eine Dauer. Die Sinnleere führt auch dazu, dass wir heute pausen- und richtungslos kommunizieren. Die Leere zwischen Kommunikationen erscheint als Tod, den es schleunigst auszublenden gilt durch mehr Kommunikation. Das ist aber ein aussichtsloses Unterfangen. Die Beschleunigung der Kommunikation allein vermag den Tod nicht zu beseitigen.

Die heutige Leistungsgesellschaft nimmt die Zeit selbst in Geiselhaft. Sie fesselt sie an die Arbeit. Der Leistungsdruck erzeugt dann einen Beschleunigungsdruck. Die Arbeit als solche ist nicht notwendig destruktiv. Sie kann, wie Heidegger sagen würde, zu einer »harten, aber gesunden Müdigkeit« führen. Der Leistungsdruck erzeugt aber, selbst wenn man in Wirklichkeit nicht viel arbeitet, einen psychischen Druck, der die Seele ausbrennen kann. Das Burn-out ist keine Arbeits-, sondern eine Leistungskrankheit. Es ist nicht die Arbeit als solche, sondern die Leistung, dieses neue neoliberale Prinzip, was die Seele krank macht.

Die Pause als Arbeitspause markiert keine andere Zeit. Sie ist nur eine Phase der Arbeitszeit.

Heute haben wir keine andere Zeit als die Arbeitszeit. Wir haben längst die Zeit des Festes verloren. Der Feierabend als Vorabend des Festtages ist uns heute ganz fremd. Die Zeit des Festes ist keine Zeit der Entspannung oder Erholung von der Arbeit. Das Fest lässt eine ganz andere Zeit beginnen. Das Fest gehört wie die Feier ursprünglich in den religiösen Kontext. Das lateinische Wort *feriae* hat einen sakralen Ursprung und bedeutet die für religiöse Handlungen bestimmte Zeit. *Fatum* ist heiliger, der Gottheit geweihter Ort, das heißt die für die religiöse Handlung bestimmte Kultstätte.

Das Fest beginnt, wo die Arbeit als »pro-fane« (wörtlich: vor dem heiligen Bezirk liegende) Handlung endet. Die Zeit des Festes ist der Arbeitszeit diametral entgegengesetzt. Der Feierabend als Vorabend des Festes kündigt eine heilige Zeit an. Wird jene Grenze oder Schwelle aufgehoben, die das Heilige vom Profanen trennt, bleibt nur das Banale und Alltägliche übrig, nämlich die bloße Arbeitszeit. Die Arbeitszeit ist eine profanisierte Zeit ohne Spiel und Fest. Und der Imperativ der Leistung und Effizienz beutet sie aus.

Heute nehmen wir die Arbeitszeit nicht nur in den Urlaub, sondern auch in den Schlaf mit. Daher schlafen wir heute so unruhig. Auch die Erholung ist insofern nur ein Modus der Arbeit, als sie zur Regeneration der Arbeitskraft dient. So gesehen, ist sie nicht das Andere der Arbeit, sondern deren Erscheinung. Auch die Entschleunigung oder Langsamkeit allein kann keine andere Zeit hervorbringen. Sie ist ebenfalls eine Folge der beschleunigten Arbeitszeit. Im Gegensatz zur allgemein verbreiteten Meinung beseitigt die Entschleunigung nicht die Zeitkrise von heute. Die Entschleunigung bewirkt keine Heilung. Vielmehr ist sie nur ein Symptom. Mit dem Symptom lässt sich die Krankheit nicht beseitigen. Die Entschleunigung allein macht aus der Arbeit kein Fest.

Notwendig ist heute nicht die Entschleunigung, sondern eine Zeitrevolution, die eine ganz andere Zeit beginnen lässt. Die Zeit, die sich beschleunigen lässt, ist eine Ich-Zeit. Sie ist die Zeit, die ich mir nehme. Es gibt aber eine andere Zeit, nämlich die Zeit des Mitmenschen, eine Zeit, die ich ihm gebe. Die Zeit des anderen als Gabe lässt sich nicht beschleunigen. Sie entzieht sich auch der Leistung und Effizienz. Die Zeitpolitik des Neoliberalismus hat heute die Zeit des anderen, die Gabe, ganz abgeschafft. Notwendig ist nun eine andere Zeitpolitik. Im Gegensatz zur Ich-Zeit, die uns isoliert und vereinzelt, stiftet die Zeit des anderen die Gemeinschaft, ja die gemeinsame Zeit. Sie ist die *gute* Zeit.

Der Eros besiegt die Depression

Ein Gespräch mit Ronald Düker
und Wolfram Eilenberger

Philosophie Magazin: Lassen Sie uns zuerst über Ihre Herkunft sprechen, denn die ist ziemlich ungewöhnlich. Was zieht einen Koreaner nach Deutschland, warum wird ein Metallurge zum Philosophen?

Byung-Chul Han: Im Leben gibt es Brüche und Verwandlungen, die man nicht erklären kann. Vielleicht hat mein ungewöhnlicher Entschluss nicht zuletzt auch mit meinem Namen zu tun. Adorno hat mal gesagt, die Namen seien Initialen, die wir nicht verstehen, denen wir aber gehorchen. Das chinesische Zeichen für Chul bedeutet dem Klang nach sowohl Eisen als auch Licht. Philosophie heißt auf Koreanisch Lichtwissenschaft. So bin ich womöglich nur meinem Namen gefolgt.

PM: Nach Deutschland …

BCH: Ja, ich bin nach Deutschland gekommen mit dem Zulassungsbescheid zum Studium des Hüttenwesens an der Technischen Hochschule

Clausthal-Zellerfeld nahe Göttingen. Ich habe meinen Eltern gesagt, dass ich mein Technikstudium in Deutschland fortsetzen werde. Ich musste sie belügen, sonst hätten sie mich nicht gehen lassen. Ich bin einfach aufgebrochen in ein ganz anderes Land, dessen Sprache ich damals weder sprechen noch schreiben konnte, und habe mich gestürzt in ein ganz anderes Studium. Es war wie in einem Traum. 22 Jahre war ich damals.

PM: Ihr Essay über die *Müdigkeitsgesellschaft*, der bereits in Deutschland ein Bestseller wurde, ist nun auch in Südkorea zu einem Kultbuch geworden. Wie erklären Sie sich das?

BCH: Stimmt, das Buch hat sich dort ähnlich gut verkauft wie Stéphane Hessels *Empört euch!* in Deutschland. Offenbar fühlten sich die Koreaner von der Grundthese des Buches angesprochen, dass die heutige Leistungsgesellschaft eine Gesellschaft freiwilliger Selbstausbeutung ist, dass nun eine Ausbeutung auch ohne Herrschaft möglich ist. Südkorea ist eine Müdigkeitsgesellschaft im Endstadium. Tatsächlich sieht man in Korea überall schlafende Menschen. Die U-Bahn-Züge gleichen in Seoul Schlafwagen.

PM: Und früher war das anders?

BCH: In meiner Schulzeit standen im Klassenzimmer eingerahmte Maximen, die Begriffe wie Geduld, Fleiß und so weiter enthielten: die klassischen Parolen einer Disziplinargesellschaft. Heute aber hat sich das Land zur Leistungsgesellschaft gewandelt, und dieser Wandel hat sich schneller und brutaler vollzogen als anderswo. Niemand hatte Zeit, sich auf die härteste Variante des Neoliberalismus vorzubereiten. Plötzlich geht es ums Können und nicht mehr ums Müssen oder Sollen. Die Klassenzimmer sind heute voll von solchen Sprüchen wie: »Ja, du kannst!« In diesem Moment scheint mein Buch wie ein Gegengift zu wirken. Vielleicht ist es der Vorbote eines kritischen Bewusstseins, das sich aber gerade erst auszubilden beginnt.

PM: Was ist denn überhaupt das Problem an der neoliberalen Leistungsethik?

BCH: Das Problem ist, dass sie so listig ist und dadurch so verheerend effizient. Ich will Ihnen erzählen, worin diese List besteht. Karl Marx hat eine Gesellschaft kritisiert, die durch eine Fremdherrschaft regiert wurde. Im Kapitalismus wird der Arbeiter ausgebeutet, und diese Fremdausbeutung stößt ab einem bestimmten Produktionsniveau an ihre Grenzen. Ganz anders die Selbstausbeutung, der wir uns heute freiwillig unterwerfen. Die Selbstausbeutung ist grenzenlos! Wir beuten uns freiwillig aus, bis wir zusammenbrechen. Wenn ich scheitere, mache ich mich selbst für dieses Scheitern verantwortlich. Wenn ich leide, wenn ich pleitegehe, dann bin nur ich selbst schuld. Selbstausbeutung ist eine Ausbeutung ohne Herrschaft, denn sie geschieht völlig freiwillig. Und weil sie unter dem Zeichen der Freiheit steht, ist sie so effektiv. Niemals bildet sich ein Kollektiv, ein »Wir«, das sich gegen das System erheben könnte.

PM: Sie diagnostizieren unsere Gesellschaft mithilfe des ungewöhnlichen Begriffspaars von Positivität und Negativität. Und stellen dabei die verschwindende Negativität fest. Wozu soll Negativität gut sein? Und was verstehen Sie überhaupt unter Negativität?

BCH: Die Negativität ist etwas, das eine immunologische Abwehrreaktion hervorruft. So ist der Andere das Negative, das in das Eigene eindringt und dies zu negieren, zu zerstören sucht. Ich habe behauptet, dass wir heute in einem postimmunologischen Zeitalter leben. Die psychischen Erkrankungen von heute wie Depression, ADHS oder Burnout sind keine Infektionen, die durch eine virale oder bakterielle Negativität verursacht werden, sondern Infarkte, für die das Übermaß an Positivität verantwortlich ist. Die Gewalt geht nicht nur von der Negativität, sondern auch von der Positivität aus, nicht nur vom Anderen, sondern auch vom Gleichen. Die Gewalt der Positivität oder des Gleichen ist eine postimmunologische Gewalt. Krank macht die Fettleibigkeit des Systems. Es gibt bekanntlich keine Immunreaktion auf das Fett.

PM: Inwiefern hat die Depression mit der verschwindenden Negativität zu tun?

BCH: Die Depression ist ein Ausdruck des krankhaft gesteigerten narzisstischen Selbstbezugs. Der Depressive versinkt und ertrinkt in sich. Ihm ist der Andere abhandengekommen. Haben Sie Lars von Triers Film *Melancholia* gesehen? An der Protagonistin Justine zeigt sich, was ich meine: Sie ist depressiv, weil sie total erschöpft, zermürbt ist von sich selbst. Ihre ganze Libido richtet sie auf ihre eigene Subjektivität, daher ist sie unfähig zur Liebe. Und dann, ja dann: Ein Planet erscheint, der Planet Melancholia. In der Hölle des Gleichen kann die Ankunft des ganz Anderen eine apokalyptische Form annehmen. Der todbringende Planet offenbart sich Justine als der ganz Andere, der sie aus dem narzisstischen Sumpf herausreißt. Sie blüht angesichts des todbringenden Planeten förmlich auf. Sie entdeckt auch die Anderen. So wendet sie sich fürsorglich Claire und ihrem Sohn zu. Der Planet entfacht ein erotisches Begehren. Eros als Beziehung zum ganz Anderen beseitigt Depression. Das Desaster bringt ein Heil mit sich. Das Desaster geht im Übrigen auf das lateinische Wort desastrum zurück, das Unstern bedeutet. »Melancholia« ist ein Unstern.

PM: Sie meinen, nur ein Desaster kann uns noch retten?

BCH: Wir leben in einer Gesellschaft, die ganz auf Produktion, ganz auf Positivität gerichtet ist. Sie schafft die Negativität des Anderen oder des Fremden ab, um die Kreisläufe der Produktion und des Konsums zu beschleunigen. Zulässig sind nur konsumierbare Differenzen. Den Anderen, dem die Andersheit genommen worden ist, kann man nicht lieben, sondern nur konsumieren. Vielleicht deshalb wächst heute wieder das Interesse für die Apokalypse. Man spürt eine Hölle des Gleichen, der man entkommen möchte.

PM: Können Sie uns keine griffigere Definition des Anderen anbieten?

BCH: Der Andere, das ist auch der Gegenstand, ja der Anstand. Wir haben die Fähigkeit, die Anständigkeit verloren, den Anderen in seiner Andersheit zu sehen, weil wir alles mit unserer Intimität überfluten. Der Andere ist etwas, das mich infrage stellt, das mich aus meiner narzisstischen Innerlichkeit herausreißt.

PM: Aber formiert sich nicht gerade im Moment, etwa in Gestalt der jungen Protestbewegungen à la Occupy, ein widerständiges Wir, das im System, hier vertreten durch die Börse und den Markt, ein Anderes erkennt und dagegen angehen will?

BCH: Das geht nicht weit genug. Ein Börsencrash ist noch keine Apokalypse. Er ist ein innersystemisches Problem, das schnell beseitigt werden soll. Und was bringen schon die 300 oder 500 Leute, die sich schnell von Polizisten wegtragen lassen? Das ist noch lange nicht das Wir, das wir brauchen. Die Apokalypse ist ein atopisches Ereignis. Sie kommt von ganz woanders her.

PM: Wo fände sich dann ein Ausweg?

BCH: Eine Gesellschaft ohne den Anderen ist eine Gesellschaft ohne Eros. Auch die Literatur, die Kunst und die Dichtung leben vom Begehren des ganz Anderen. Die Krise der Kunst von heute ist vielleicht auch eine Krise der Liebe. Bald, da bin ich mir sicher, werden wir die Gedichte von Paul Celan nicht mehr verstehen, denn sie sind an den ganz Anderen adressiert. Auch mit den neuen Kommunikationsmedien schaffen wir den Anderen ab. In einem Gedicht von Celan heißt es: »Du bist so nah, als weiltest du nicht hier.« Darum geht es! Die Abwesenheit, das ist der Grundzug des Anderen, das ist Negativität. Weil er nicht hier weilt, kann ich sprechen. Nur deshalb ist Poesie möglich. Der Eros richtet sich auf den ganz Anderen.

PM: Dann wäre die Liebe eine utopische, eine uneinlösbare Option.

BCH: Das Begehren wird vom Unmöglichen genährt. Wenn es aber, etwa in der Werbung, ständig heißt: »du kannst« und »alles ist möglich«, dann ist das das Ende des erotischen Begehrens. Es gibt keine Liebe mehr, weil wir uns zu frei wähnen, weil wir zwischen zu vielen Optionen wählen. Der Andere ist natürlich dein Feind. Aber der Andere ist auch der Geliebte. Es ist wie mit der mittelalterlichen Minne, von der Jacques Lacan gesagt hat, sie sei ein schwarzes Loch, um das herum sich das Begehren verdichtet. Wir kennen dieses Loch nicht mehr.

PM: Haben wir nicht den Glauben an Transzendenz durch den Glauben an Transparenz ersetzt? Vor allem in der Politik geht es doch kaum noch um etwas anderes.

BCH: Ja, das Geheimnis ist eine Negativität. Der Entzug zeichnet es aus. Die Transzendenz ist auch eine Negativität, während die Immanenz eine Positivität darstellt. So äußert sich das Übermaß an Positivität als ein Terror der Immanenz. Die Transparenzgesellschaft ist eine Positivgesellschaft.

PM: Worauf führen Sie den Kult der Transparenz zurück?

BCH: Zunächst muss man das digitale Paradigma verstehen. Ich halte die digitale Technologie für einen ähnlich dramatischen historischen Einschnitt wie etwa die Erfindung der Schrift oder des Buchdrucks. Das Digitale selbst drängt zur Transparenz. Wenn ich eine Taste auf dem Computer drücke, habe ich sofort ein Ergebnis. Die Temporalität der Transparenzgesellschaft ist die Unmittelbarkeit, die Echtzeit. Der Stau, der Informationsstau wird nicht mehr geduldet. Alles muss sich in der Gegenwart der unmittelbaren Sichtbarkeit zeigen.

PM: Die Piratenpartei ist der Ansicht, dass die Politik von dieser Unmittelbarkeit nur profitieren kann.

BCH: »Liquid feedback« heißt da wohl das Zauberwort. Es scheint, als bringe die repräsentative Demokratie einen unerträglichen Zeitstau mit sich. Aber diese Ansicht führt zu massiven Problemen: Es gibt nämlich Dinge, die sich nicht der Unmittelbarkeit fügen. Dinge, die erst reifen müssen. Und Politik sollte eben ein Experiment sein, auch ein

Experiment mit offenem Ausgang. Solange aber experimentiert wird, kann das Ergebnis noch nicht bekannt sein. Solange eine Vision realisiert werden soll, braucht es den Zeitstau geradezu. Die Politik, die die Piratenpartei anstrebt, ist daher notwendigerweise eine Politik ohne Vision. Und das gilt auch auf der Ebene der Unternehmen. Ständig findet irgendeine Evaluation statt. Jeden Tag muss ein optimales Ergebnis präsentiert werden. Es ist kein langfristiges Projekt mehr möglich. Der digitale Habitus bedeutet auch, dass wir ständig unsere Standpunkte wechseln. Daher wird es keine Politiker mehr geben. Politiker ist jemand, der auf einem Standpunkt beharrt.

PM: Und all das verstehen Sie als Resultat einer neuen Technologie?

BCH: Was heißt denn digital? Digital kommt von digitus, dem lateinischen Wort für Finger. Im Digitalen wird das menschliche Tun auf die Fingerkuppen reduziert. Lange Zeit war ja die menschliche Tätigkeit mit der Hand verbunden. Daher die Begriffe Handlung, Handwerk. Aber wir fingern heute nur noch. Das ist die digitale Leichtigkeit des Seins. Eine Handlung im emphatischen Sinne ist aber immer eine Art Drama. Heideggers Fetischisierung der Hand protestiert bereits gegen das Digitale.

PM: Die Frage, ob man überhaupt noch handeln und experimentieren kann, spiegelt sich auch darin wider, dass es in dieser neuen digitalen Logik keine Führungspersonen gibt, dass es eine Politik ist ohne Anführer.

BCH: Das ist bereits in der Piratenpartei der Fall. Führung ist eine andere Tätigkeit. Wenn man führen will, muss man die Zukunft im Blick behalten. Ein Führer sieht in die Zukunft hinein. Und wenn ich ein politisches Experiment mache, dann muss ich auch ein Risiko eingehen können, weil das Ergebnis nicht sofort vorliegt, weil ich mich in einen unberechenbaren Raum begebe. Ein Führer im Sinne von Vorhut begibt sich ins Unberechenbare. Die Transparenz, die hingegen mit dem Digitalen verbunden ist, strebt eine totale Berechenbarkeit an. Alles muss berechenbar sein. Es gibt aber keine Handlung, die berechenbar ist. Sie wäre dann ein Rechnen, ja eine Rechnung. Die Handlung reicht immer in das Unberechenbare, in die Zukunft hinein. Das heißt, die Transparenzgesellschaft ist eine Gesellschaft ohne Zukunft. Zukunft ist die temporale Dimension des ganz Anderen. Zukunft ist heute nichts anderes als optimierte Gegenwart.

PM: Hat nicht die Feier der Unmittelbarkeit auch etwas mit Infantilisierung zu tun? Auch Dreijährige können es nicht ertragen, wenn ihnen ihre Eltern nicht sofort geben, was sie wollen.

BCH: Natürlich. Das Digitale infantilisiert uns, weil wir nicht mehr warten können. Denken Sie etwa daran, wie die Zeitlichkeit der Liebe verlorengeht. Der Satz »Ich liebe dich« ist ja ein Versprechen in die Zukunft hinein. Menschliche

Handlungen, die emphatisch zukünftig sind, wie Verantwortung oder Versprechen, verkümmern heute. Auch Wissen, Erkenntnis oder Erfahrung besitzen einen Zeithorizont der Zukunft. Die Zeitlichkeit der Information oder des Erlebnisses ist dagegen die Gegenwart. Es gibt eine neue Krankheit der Informationsgesellschaft. Sie heißt Information Fatigue Syndrom (IFS). Eines ihrer Symptome ist die Lähmung der analytischen Fähigkeit. Mitten in der Informationsflut ist man offenbar nicht mehr in der Lage, das Wesentliche vom Unwesentlichen zu unterscheiden. Ein weiteres Symptom ist interessanterweise die Unfähigkeit, Verantwortung zu übernehmen.

PM: Sie nennen die Transparenzgesellschaft auch »Pornogesellschaft«. Warum?

BCH: Die Transparenzgesellschaft ist insofern eine pornografische Gesellschaft, als die Sichtbarkeit totalisiert und verabsolutiert wird und das Geheimnis darüber ganz verschwindet. Der Kapitalismus verschärft die Pornografisierung der Gesellschaft, indem er alles als Ware ausstellt und der Sichtbarkeit ausliefert. Angestrebt wird die Maximierung des Ausstellungswerts. Der Kapitalismus kennt keinen anderen Gebrauch der Sexualität. Die erotische Spannung entspringt nicht der permanenten Ausstellung der Nacktheit, sondern der Inszenierung eines Auf- und Abblendens. Es ist die Negativität der Unterbrechung, die der Nacktheit einen erotischen Glanz verleiht.

PM: Das Pornografische zerstört also das Erotische.

BCH: Ja. Denken Sie an diesen wunderbaren Moment in Flauberts *Madame Bovary*: Die Kutschfahrt mit Leon und Emma – eine sinnlose Kutschfahrt durch die ganze Stadt, und der Leser erfährt nichts, aber auch gar nichts vom Geschehen in der Kutsche selbst. Flaubert zählt stattdessen Plätze und Straßen auf. Und am Ende streckt Emma ihre Hand aus dem Fenster und lässt Papierschnipsel wie Schmetterlinge auf ein Kleefeld segeln. Ihre Hand ist das einzig Nackte in dieser Szene – das ist der denkbar erotischste Moment. Weil man nichts sieht. In der Hypervisibilität, die uns umgibt, ist so etwas nicht mehr vorstellbar.

PM: Welche Rolle spielt die Philosophie angesichts der Hölle des Gleichen?

BCH: Die Philosophie ist für mich der Versuch, eine ganz andere Lebensform zu entwerfen, andere Lebensentwürfe zumindest in Gedanken zu erproben. Aristoteles hat es uns vorgemacht. Er hat die Vita contemplativa erfunden. Heute ist die Philosophie weit davon entfernt. Sie ist ein Teil der Hölle des Gleichen geworden. Heidegger vergleicht in einem Brief das Denken mit dem Eros. Er spricht vom Flügelschlag des Eros, von dem sein Denken ins Unbegangene getragen wird. Die Philosophie ist vielleicht die Liebkosung, die Formen und Sprachmuster dem sprachlos Anderen in die Haut einzeichnet.

PM: Mittlerweile haben Sie eine Professur, aber Ihr Verhältnis zur akademischen Philosophie war nicht immer spannungsfrei, oder?

BCH: Wie Sie wissen, bin ich Philosophieprofessor an einer Kunsthochschule. Ich bin wahrscheinlich zu lebendig für das philosophische Seminar einer Universität. Die akademische Philosophie in Deutschland ist leider total erstarrt und leblos. Sie lässt sich nicht auf die Gegenwart, auf gesellschaftliche Probleme der Gegenwart ein.

PM: Wo sehen Sie die größten Herausforderungen für das Denken?

BCH: Heute gibt es so viele Dinge und Ereignisse, die einer philosophischen Erörterung bedürften. Depression, Transparenz oder auch Piratenpartei sind für mich ein philosophisches Problem. Vor allem die Digitalisierung und die digitale Vernetzung stellen heute für die Philosophie eine besondere Aufgabe und Herausforderung dar. Wir brauchen eine neue, ja eine digitale Anthropologie, eine digitale Erkenntnis- und Wahrnehmungstheorie. Wir brauchen eine digitale Sozialphilosophie und Kulturphilosophie. Heideggers *Sein und Zeit* hätte man längst digital updaten müssen.

PM: Wie meinen Sie das?

BCH: Heidegger hat das Subjekt durch das »Dasein« ersetzt. Wir müssen nun das Subjekt durch das Projekt ersetzen. Wir sind nicht mehr »geworfen«. Wir haben kein »Schicksal«. Wir sind entwerfende Projekte. Die Digitalisierung bringt

Heideggers »Ding« endgültig zum Verschwinden. Sie erzeugt ein neues Sein und eine neue Zeit. Wir müssen mehr Theorie wagen. Dafür ist die akademische Philosophie zu ängstlich. Ich wünsche ihr mehr Mut und Wagnis. »Geist« bedeutet ursprünglich Unruhe oder Ergriffenheit. Die akademische Philosophie ist, so gesehen, ohne Geist.

Der Kapitalismus liebt die Stille nicht

Ein Gespräch mit Thomas Ostermeier
und Florian Borchmeyer

Thomas Ostermeier: Können wir die entfesselten Finanzmärkte mit Gier erklären?

Byung-Chul Han: Mit Gier allein können Sie den Kapitalismus nicht erklären. Inzwischen denke ich, dass der Todestrieb am Werk ist. Vielleicht richten wir uns selbst zugrunde. Zerstören, um Wachstum zu generieren. Es gibt keine Erneuerung. Erneuerung besteht darin, die Dinge möglichst schnell veralten zu lassen. Eine Zerstörungsmaschine eigentlich. Heute sind die Dinge totgeboren. Der Krieg entsteht, wenn die explodierenden Produktionskräfte aufgrund fehlender Absatzmärkte auf unnatürlichem Wege sich entladen. Der Krieg zerstört die Dinge auf unnatürlichem Wege. Der Konsum zerstört die Dinge auf natürlichem Wege. Wir konsumieren für den Frieden. (lacht) Nicht nur Zerstörung der Natur, sondern auch mentale Zerstörung …

TO: … und persönliche Zerstörung. Was Sie in

Müdigkeitsgesellschaft beschreiben ist ja auch eine Zerstörung der Psyche des Menschen …

BCH: … ja, und deshalb sage ich, das ist Todestrieb …

Florian Borchmeyer: Vielleicht geht es auch nicht nur um Gier, sondern um Sehnsucht. Kapitalismus ist ein System, das Wünsche generiert, die bislang überhaupt nicht vorhanden waren. Neue Bedürfnisse und Sehnsüchte, für die neue Produkte erfunden werden, die vorher niemand benötigte.

BCH: Eva Illouz verbindet den Kapitalismus mit der Romantik, mit der konsumistischen Romantik. Aber ich weiß nicht, inwieweit der Kapitalismus romantisch ist. Die Sehnsucht bezieht sich auf das Unmögliche, das Unerreichbare. Sie ist nicht konsumierbar. Es findet umgekehrt die Vernichtung der Sehnsucht statt. Wer hat heute Liebessehnsucht? Die Liebe besteht selbst aus konsumierbaren Gefühlen. Der Kapitalismus erzeugt ständig Konsumbedürfnisse. Nach einem neuen Smartphone sehnt man sich nicht. Das Internet selbst ist kein Sehnsuchtsraum.

TO: Sie schreiben in Ihrem Buch, Kapitalismus ist keine Religion – er gewährt keine Entschuldung und keine Sühne.

BCH: Ja, das habe ich gesagt, vor allem gegen die Theorie von Walter Benjamin. Er hat gesagt, dass der Kapitalismus ein nicht entsühnender, sondern nur verschuldender Kultus sei. Aber zur Religion gehört wesentlich auch Entschuldung und Sühne, eine Religion ohne Erlösung ist keine Religion. Der Kapitalismus ist nur verschuldend. Der Mensch verschuldet sich vielleicht, um nicht frei zu sein. Wenn man frei ist, muss man handeln. Man verweist auf seine Schuld oder Schulden, um nicht handeln zu müssen. Ja, es ist auch Max Weber, der den Kapitalismus mit der Möglichkeit der Erlösung verbindet.

TO: Worin besteht die Erlösung im Kapitalismus?

BCH: Nicht alle gehören zu den Erwählten. Und man weiß nicht, ob man zu den Erwählten gehört, und wenn ich Erfolg habe, Kapital akkumuliere, gehöre ich zu den Auserwählten.

TO: Calvinismus … Aber der Kapitalismus verspricht keine Erlösung im Jenseits, lediglich im Diesseits.

BCH: Wenn ich jedes Jahr zehn Millionen Euro verdiene, dann ist das eine Dimension des Erhabenen.

TO: Aber nicht des Erlösenden.

BCH: Der Schein der Erlösung. Wenn ich so viel Vermögen besitze, entsteht die Illusion der Allmacht und Unsterblichkeit. Vermögen – welch schönes Wort. Unendliches Vermögen maximiert das Können und überstrahlt die Endlichkeit. Woraus besteht die Erlösung? Diese Illusion muss stark genug sein. Es gibt darin eine sehr theologische Dimension, und die hat mit materieller Gier nichts zu tun. Es gibt im Kapitalismus sehr viele Dimensionen des Todestriebs. Wie viel zerstören wir? Jeder weiß: Die Dinge werden heute totgeboren.

TO: Dann lassen Sie uns doch einmal über Liebe reden. Im Theater befinden wir uns in einer großen Krise, weil wir unfähig sind, auf der Bühne von Gefühlen zu erzählen.

BCH: Warum braucht Theater unbedingt Gefühle?

TO: Weil emotionale Situationen beschrieben werden.

BCH: Sie können Situationen beschreiben, dann kommen Emotionen, dann entstehen Gefühle. Ich spiele eine Figur, emotionslos, ich mache eine Geste. Und die kann das Publikum überwältigen. Wenn ich eine Figur, eine Geste kreiere, entsteht dabei eine Narration. Narration erzeugt Gefühle. Wenn sie Gefühle unmittelbar zum Ausdruck bringen will, dann wird daraus ein Porno, wie Botho Strauß kritisieren würde. Das Theater sei heute Porno und ihm fehle das Erotische. Die Schauspieler seien alle Psychopathen. Er spricht von einer grundsätzlichen Degeneration des Theaters.

TO: Und worüber sollte man erzählen?

BCH: Über Handlungen!

TO: Natürlich. Aber es gibt doch den Moment, wo man über Handlung – um jetzt mal einen ganz alten Begriff zu gebrauchen, nämlich Katharsis – den Zuschauer in einen Moment bringt, wo er sich emotional reinigen kann, weil er ein emotionales

Erlebnis hat: durch die Verfolgung einer Handlung.

BCH: Gefühle sind immer kodiert. Und im Theater war es so – auch schon im 18. Jahrhundert –, dass die Gesellschaft immer den Code bestätigt. Und innerhalb dieses Codes entstehen auch Gefühle. Gefühle sind Bestätigungen dieses Codes.

FB: Vielleicht sollten wir uns nicht so sehr auf das Erzählen von Gefühlen festlegen. Denn die Gefühle werden ja nicht erzählt als das Thema des Dramas – die Gefühle sind die Triebkräfte innerhalb der Dramen …

BCH: Aber das ist sehr interessant!

FB: … Das Gefühl bildet nicht die Handlung an sich, denn dann käme man tatsächlich schnell zum Porno, wenn man ein Theaterstück über ein Gefühl machen möchte, ein Stück über die Liebe, das die Liebe erklärt oder ausstellt. Aber die Gefühle sind doch in jeglicher dramatischen Handlung seit der griechischen Tragödie die Triebkräfte. Auch in *Antigone* sind die Gefühle vielleicht nicht das Thema, aber doch die treibende Kraft.

TO: Der Antrieb zum Handeln ist immer eine Differenz zwischen dem, wie eine Figur sich verortet, und dem, wie sie sich gerne verorten würde. Und deswegen fängt eine Figur an zu handeln.

FB: Und was es auslöst, ist laut Aristoteles Angst und Mitleid. Was wiederum emotionale Kategorien sind.

BCH: Herr Ostermeier, Sie sagten: Die Krise des

heutigen Theaters besteht in der Mühe, Gefühle zu erzählen. Warum ist das eine heutige Krise? War es früher anders?

TO: Das war früher anders, weil Gefühle nicht verpönt waren, weil Gefühle existierten und Worte ihnen entsprechen konnten. Während uns, wie in Ihrem Buch beschrieben wird, der Eros durch das Abhandenkommen des Anderen abhandengekommen ist.

BCH: Heute sind Gefühle verpönt? Wieso?

TO: Im Theater zumindest ist es so. Dort sind Gefühle wie Mitleid, Trauer, Empathie, Zuneigung, Hingabe verpönt …

FB: … zumindest deren ungebrochene Darstellung …

TO: Die grundsätzliche Emotion, die ich bei einem durchschnittlichen Theaterbesuch von der Bühne gesendet bekomme, ist Aggression. Frontale Aggression, bei der ich mich immer frage: Warum brüllt mich da jemand kontinuierlich an? Ich habe ihm doch gar nichts getan.

BCH: Ich verstehe … Ich war neulich im Theater. Es war zu laut. Es stört, bedrängt mich. Ich bin in der Pause gegangen. Ich habe mir mehr ein Theater der Stille gewünscht, wo nur geflüstert wird. Warum brüllt man so?

TO: Das frage ich mich auch oft. Ist es nur ein Ausdruck dafür, dass wir überhaupt nicht mehr über das Instrumentarium verfügen? Nicht, weil das Theater in der Krise ist, sondern weil das Theater immer nur so gut sein kann wie die Gesellschaft, die es widerspiegelt. Und eine Gesellschaft, die nur noch brüllt oder still ist, bekommt ein Theater, das nur noch brüllt oder nicht mehr existiert. Wie wäre denn eine mögliche Antwort auf diese Frage zur Krise der Gefühle?

BCH: Sie müssen zunächst mit Begriffsklärung anfangen. Gefühl ist etwas ganz anderes als Emotion. Gefühl ist etwas ganz anderes als Affekte. Auch in Ihren Fragen herrscht diesbezüglich eine begriffliche Unschärfe. Wir brauchen eine Klarheit der Begriffe, um überhaupt diskutieren zu können. Sie können vom Gefühl des Schönen sprechen. Doch sie können nicht sagen: Emotion des Schönen oder Affekt des Schönen. Und allein den sprachlichen Wendungen können Sie entnehmen, wie gewaltig der Unterschied zwischen Gefühl und Affekt ist. Ballgefühl beim Fußballspielen zum Beispiel. Ballaffekt? Ballemotion? (lacht). Oder Sprachgefühl. Gefühl ist ein Zustand oder ein Vermögen, etwas Statisches. Und Emotion ist immer émouvoir. Also Emotion kann eine Handlung auslösen. Wir können es so sagen: Wir befinden uns in einer Krise der Gefühle aufgrund der Konjunktur der Affekte. Warum brüllen sie so auf der Bühne, haben Sie mich gerade gefragt? Sie spielen mit Affekten, nicht mit Gefühlen. Gefühle sind intersubjektiv. Gefühl stiftet Gemeinschaft. Das heißt, es ist etwas Soziales. Affekte können sehr asozial, etwas Vereinzelndes oder Vereinzeltes sein.

TO: Ist Wut ein Affekt oder ein Gefühl?

BCH: Es kommt auf den Kontext an. Einen Affekt kann man nicht singen. Gefühle erzählen heißt singen. Im Theater wird gesungen. Für das Singen braucht man eine narrative Struktur, einen narrativen Raum. Daher kommt es darauf an, was man unter Wut versteht. Nehmen Sie »menin«, das erste Wort der Ilias.

FB: Die Erzählung vom Zorn. »Den Zorn singe mir, Muse« …

BCH: Das erste Drama der europäischen Kultur beginnt mit dem Zorn. »Menin«. Den Zorn singen. Dieser singbare Zorn ist kein bloßer Affekt, sondern etwas, das die ganze Gemeinschaft trägt, die ganze Handlung hervorruft.

FB: Es wird ein Zorn erzählt, der aber über die individuelle Wut des Achilleus hinausgeht …

BCH: Natürlich!

FB: … der ein gesamtes Gesellschaftssystem infrage stellt, und darüber hinaus auch die Welt der Götter. Denn die Ilias erzählt die Geschichte des trojanischen Kriegs vom Anfang bis zum Ende. Das Drama nimmt seinen Anfang, indem der Zorn des Achilleus entsteht. Und wenn der Zorn beschwichtigt ist, ist auch das Drama zu Ende. Dadurch ist dieses Gefühl des Zorns ein dramatisches.

BCH: Dieser Zorn ist singbar, das heißt: erzählbar. Und in diesem Drama besteht das Problem nicht in der Frage: Wie kann man über Gefühle erzählen? Dieses Drama besteht in der Erzählung des einen Gefühls Zorn. Die Krise der Gefühle kann man nur verstehen, wenn man Gefühle von Affekten unterscheidet. Um Gefühle zu erzeugen, müssen Sie einen Resonanzraum eröffnen. Affekte nicht. Sie sind wie ein Geschoss. Affekte suchen sich eine Bahn. Sie können keinen Raum aufspannen.

TO: Gibt es nach Ihrer Kenntnis der Geistesgeschichte bestimmte Gefühle, die am Verschwinden sind? Und andere, die sich ausbreiten? Oder kann man nur sagen, Gefühle werden kleiner und Affekte werden größer?

BCH: Ich denke, Gefühle sind Räumlichkeiten, die man nicht konsumieren kann. Aber Emotionen und Affekte kann man konsumierbar machen.

TO: (flüstert) Gefühle auch!

BCH: Gefühle kann man nicht konsumieren. Trauer können Sie nicht konsumieren. Mit Trauer können Sie kein Geld machen. Heute gibt es Wutbürger und Empörungswellen. Aber ist diese Empörung Zorn? Zorn ist singbar. Die Empörung ist nicht singbar, dieser Shitstorm. Die Empörung ist etwas Subjektives, Vereinzeltes.

TO: Und die Indignados in Spanien?

BCH: Nicht nur sie, auch diese ganze Occupy-Bewegung ist im Sande verlaufen.

TO: Warum?

BCH: Dieses System vereinzelt Menschen. Wie kann ein »Wir« entstehen in einem System, wo jeder für sich selbst ist? Alles ist flüchtig.

TO: Aber zugleich wird immer wieder beschrieben, dass Unternehmen heute familienähnliche Gefühle aufbauen. Man versucht, den Mitarbeiter emotional an das Unternehmen zu binden, damit er besser ausbeutbar ist … Ein Fabrikarbeiter wusste bisher: Mein Chef beutet mich aus, ich habe aber keine Wahl, denn meine fünf Kinder müssen ernährt werden. Jetzt dagegen ereignet sich ein Phänomen, das auch Sie in Ihrem Buch *Müdigkeitsgesellschaft* beschrieben haben: die Selbstausbeutung. Und die beginnt schon dort, wo ich sage: »Mein Unternehmen, für das ich arbeite, ist meine Familie, meine Heimat, mein Ort, an dem ich auch emotional aufgehoben bin.«

BCH: Der Kapitalismus ökonomisiert Gefühle. Wenn ich rational eine Kaufentscheidung treffe, kann ich nicht viel einkaufen. Man muss Emotionen mobilisieren, um mehr Bedürfnisse zu erzeugen.

FB: Emotion oder Gefühl?

BCH: Emotion! Emotion ist eine Bewegung, die mich dazu bewegt, hinzulangen. Emotionen sind sehr instabil, Ratio ist sehr stabil. Ich kann meine Überzeugungen behalten, aber Emotionen schwanken, und um Umsatz und Bedürfnisse zu erzeugen, braucht der Kapitalismus mehr als Ratio. Deshalb hat der Kapitalismus auf der Ebene des Konsums die Emotionen entdeckt. Werbungen müssen Emotionen wecken, dann kauft man, konsumiert man jenseits des rationalen Bedürfnisses. Auch auf der

Ebene der Unternehmensführung hat man Emotionen entdeckt, weil emotionale Führung viel tiefergehender ist, so dass man dadurch gründlicher ausbeuten kann. Das Freiheitsgefühl des »du arbeitest nicht für jemand anderen, du optimierst dich, du entwirfst dich …« folgt demselben Mechanismus wie: »ich bin in einer Familie, ich entwickle und entfalte mich« …

TO: … »ich mache ein Projekt« …

BCH: … eine Initiative … von innen heraus. Das ist natürlich viel effizienter als Fremdausbeutung. Mit Emotionen kann man innere Fesseln anlegen, und die sind noch schlimmer als die äußeren.

TO: Konjunktur der Affekte auf Kosten der Gefühle. Kann man die These wagen, die Sie schon angedeutet haben: Wenn uns die Gemeinschaft immer mehr abhandenkommt, dann kommen uns auch die Gefühle abhanden.

BCH: Botho Strauß sagt: »Hören wir eben noch den silbern mädchenhaften, fast singenden Ton, so ist er im nächsten Augenblick um ein jähes Intervall abgesenkt zu einem kehligen, fast plärrenden, zuweilen richtig ordinären Schall. Die schnell wechselnde Stimmlage ist keine Koloraturgeste, sondern eine dialogische Bindungsstärke: etwas unbedingt erfahren wollen vom anderen und gemeinsam mit ihm.«

Für Botho Strauß ist Theater ein dialogischer Raum, und alleine dort ist der Eros – in dieser Bemühung, sich dem Anderen anzunähern.

TO: Das ist mein Hauptthema in den Proben der letzten zwei Jahre. Weil ich dieses Thema erst für mich erkannt habe durch eine große Frustration in der Schauspielerei, weil ich gesagt habe »hört doch auf, nur aus euch selber Gefühle produzieren zu wollen«.

Früher gab es den Blick zum anderen. Ich weiß nicht, ob die früher wirklich miteinander gespielt haben, zumindest haben sie sich angeguckt und haben eine ästhetische Kodifizierung … Und sie haben versucht, den anderen Schauspieler zu erfahren, zu begreifen oder zu überzeugen. In der heutigen Regietheaterkunst ist ästhetische Grundvereinbarung: »Rampe-vorne-Blick-ins-Publikum-und-brüllen«. Was theatergeschichtlich einmal ein revolutionärer Akt war, ist so zu einer ästhetisch banalen, hohlen Geste geworden, weil sie nicht mehr revolutionär ist, sondern alte Muster wiederholt.

BCH: Will man über Gefühle sprechen, muss man erst einmal lernen, miteinander zu spielen. Wenn man miteinander spielt, dann wird erzählt.

TO: Genau das mache ich auf meinen Proben. Ich sage den Schauspielern: Hört doch einmal auf, wie Handwerker an eure Sache zu gehen und zu denken: Hier ist die Figur, die pinsele ich jetzt aus mit meinem Werkzeug.

BCH: Das Theater wird lärmend. Im japanischen Theater fühle ich mich sehr wohl, im Nō-Theater, Kabuki-Theater, da bin ich nicht so bedrängt. Ins Kino gehe ich gerne. Im Theater werde ich von den Menschen, die da spielen, bedrängt. (lacht)

TO: … weil die Menschen, die da spielen, nur noch ein Gefühl haben: sie bedrängen zu wollen. Das ist blöd. Das lärmende Theater ist Ausdruck einer Gesellschaft, der das Gefühl als Gemeinschaftsphänomen abhandengekommen ist, und da wir aber im Theater Gefühle hervorrufen wollen, handeln wir mit Affekten, um zu provozieren.

BCH: Provozieren?

TO: Ja, unsere Affekte provozieren eine Emotion im Zuschauerraum.

BCH: Eigentlich können Affekte keine Gefühle erzeugen.

TO: Nein, eigentlich Gegenaffekte. Affekte provozieren genau das, was Sie gerade sagten: Es ist zu laut! Das war Ihre Reaktion – und nichts anderes als ein Affekt, oder?

BCH: Nein, es war laut. Es war keine narrative Spannung.

TO: Narrative Spannung ist total verrufen!

BCH: Nur narrative Spannungen erzeugen Gefühle.

TO: Wie soll das gehen, in einem Theatermilieu, in dem der herrschende Diskurs Postdramatik heißt?

BCH: Und was heißt Postdramatik?

FB: Zustände statt Handlungen …

TO: Postdramatik heißt: In einer Welt, in der

keine Erzählungen mehr stattfinden können, weil ich keine handelnden Subjekte mehr identifizieren kann, kann ich keine dramatische Handlung mehr aufbauen. Meine Welterfahrung ist komplett desorientiert, ich weiß nicht, wer verantwortlich dafür ist, was da passiert. Und diese Welt versuche ich zu spiegeln und kann sie nur postdramatisch spiegeln.

BCH: Aber man kann einen Gegenentwurf machen.

TO: Ich versuche mit meinem Theater verzweifelt einen Gegenentwurf zu schaffen.

BCH: Wir sollten aber nicht das längst Überwundene wiederholen, sondern eine neue Form der Narration erfinden.

TO: Die ist dramatisch. Die Spannung der Narration erzeugt Gefühle. Dazu brauche ich aber eine dramatische Handlung.

BCH: Ich weiß nicht, ob die Narration immer dramatisch sein muss.

TO: Nein, muss sie nicht. Es geht auch im Roman.

FB: Richtig, und vielleicht müssen wir auch noch weiter über das Theater hinausgehen. Sie haben in *Agonie des Eros* geschrieben: »Die Liebe wird heute zu einer Genussform positiviert, sie hat vor allem positive Gefühle zu erzeugen, sie ist keine Handlung, keine Narration, kein Drama mehr, sondern eine folgenlose Emotion und Erregung.« Wir haben uns dem bisher über das Theater angenähert. Doch das scheint nur ein Spiegel dessen zu sein, was sich in unserer Gesellschaft abspielt.

BCH: Liebe ist auch eine Handlung. Heute ist die Liebe nur ein Arrangement angenehmer, konsumierbarer Gefühle. Treue ist keine Emotion, Treue ist eine Handlung. Entschlossenheit. Die Treue macht den Zufall zum Schicksal. Sie erzeugt die Ewigkeit.

TO: Die meisten Leute heute denken, Liebe sei ein Schaumbad.

BCH: Ein Wechselbad von Affekten. Und deshalb wechselt man Partner, weil man hungrig nach neuem Affekt ist, neuen affektiven Erfahrungen. So verliert die Liebe an Stabilität.

TO: Was wäre Ihre Antwort auf die Frage der Affektbefriedigung durch ständig wechselnde Partner?

BCH: Sie entsteht, weil Liebe keine Handlung mehr ist. In Gorz' Brief an D., einem Brief eines französischen Philosophen an seine Frau, findet sich etwa diese Bekundung der Treue: »Du bist 85 Jahre alt und 5 cm kleiner geworden, wiegst nur noch 40 Kilo, aber du bist immer noch begehrenswert.« Diese Treue ist eine Handlung. Die Treue entsteht nicht einfach so als Gefühl.

TO: Aber da kommen ja Affekte dazwischen, die heißen »Oh Mist, woher weiß ich denn, dass dieser Mensch der Mensch ist, den ich liebe und mit dem ich die Handlung der Liebe und die Handlung der

Treue mein Leben lang machen will, und nicht die acht anderen, die ich auch haben könnte.«

BCH: Heute leben wir in einer Gesellschaft, in der keine Handlung mehr ist. Und in einer affektiven Gesellschaft kann ich nicht handeln. Vielleicht ist die Polygamie oder diese »polyamore« Gesellschaft – ein grässlicher Ausdruck – auf die kapitalistische oder neoliberale Produktionsweise zurückzuführen. Optionsmöglichkeiten maximieren. Und: Affektoptionen maximieren. Die wirtschaftliche Produktionsweise spiegelt sich auch auf der Ebene der Liebe wider.

FB: In *Agonie des Eros* schreiben Sie: Heute verschwindet der Andere. Was meinen Sie damit?

BCH: Im Namen der Freiheit haben wir den Anderen, dessen Negativität abgeschafft. Im Namen der Freiheit haben wir auch alle Herrensignifikanten wie Gott oder Phallus beseitigt. Ich erzähle Ihnen die Geschichte eines japanischen Künstlers, der seinen Phallus abgeschnitten und einen Chefkoch beauftragt hat, ihn zu kochen, und dann per Twitter Leute zur Verspeisung seines Penis eingeladen hat. Daraus hat er eine Performance gemacht und die Gäste haben den Phallus verspeist. Er wollte frei sein, unabhängig vom Geschlecht und wollte jede Identität annehmen. Für diese Totalisierung der Freiheit zahlen wir einen Preis: Orientierungslosigkeit, Bindungslosigkeit. Wir haben kein Gegenüber, keinen Anderen. Jeder steht nur sich gegenüber.

TO: Sie hatten vorher das Problem von Treue thematisiert. Warum glauben Sie, dass so viele Menschen in unserer Gesellschaft ein Problem mit Treue haben?

BCH: Treue und Produktivität schließen einander aus. Es ist die Untreue, die für mehr Wachstum und Produktivität sorgt. Ich möchte aber zum Theater zurückkehren. Für Sie ist das Theater der Zukunft ein Ort, der frei von ökonomischen Zwängen ist. Ich hätte auch ein Bild über das Theater der Zukunft. Es soll ein Theater der Stille sein. Vielleicht meinen wir ja dasselbe. Der Kapitalismus liebt die Stille nicht.

Anmerkungen

1 Arthur Schnitzler, *Aphorismen und Betrachtungen*, Frankfurt a. M. 1967, S. 177 f.
2 Sigmund Freud, *Das Unbehagen in der Kultur. Und andere kulturtheoretische Schriften*, Frankfurt a. M. 1994, S. 76.
3 Bernard Maris/Gilles Dostaler, *Capitalisme et pulsion de mort*, Paris 2010, S. 9. Übersetzung von B.-Ch. H.
4 Sigmund Freud, »Jenseits des Lustprinzips«, in: *Psychologie des Unbewussten. Studienausgabe*, Bd. 3, Frankfurt a. M. 1989, S. 213–272, hier: S. 248.
5 Ebd., S. 249.
6 Ebd.
7 Freud, *Das Unbehagen in der Kultur*, a. a. O., S. 83.
8 Ebd., S. 82.
9 Ebd., S. 85.
10 Freud, *Jenseits des Lustprinzips*, a. a. O., S. 249.
11 Vgl. Luigi De Marchi, *Der Urschock. Unsere Psyche, die Kultur und der Tod*, Darmstadt 1988.
12 Georg Baudler, *Ursünde Gewalt. Das Ringen um Gewaltfreiheit*, Düsseldorf 2001, S. 116.
13 E. S. Craighill Handy, *Polynesian Religion*, Honolulu 1927, S. 31, zitiert in: Elias Canetti, *Masse und Macht*, Hamburg 1984, S. 287 f.
14 Jean Baudrillard, *Der symbolische Tausch und der Tod*, Berlin 2011, S. 228.

15 Erich Fromm, *Anatomie der menschlichen Destruktivität*, Reinbek 1977, S. 394.
16 Baudrillard, *Der symbolische Tausch und der Tod*, a. a. O., S. 324.
17 Ebd., S. 79.
18 Norman O. Brown, *Zukunft im Zeichen des Eros*, Pfullingen 1962, S. 351.
19 Georges Bataille, *Die Erotik*, München 1994, S. 234.
20 Ebd., S. 13.
21 Baudrillard, *Der symbolische Tausch und der Tod*, a. a. O., S. 282.
22 Theodor W. Adorno, *Philosophische Terminologie*, Frankfurt a. M. 1974, Bd. 2, S. 181 f.
23 Theodor W. Adorno, *Minima Moralia. Reflexionen aus dem beschädigten Leben*, Frankfurt a. M. 1951, S. 96.
24 Freud, *Das Unbehagen in der Kultur*, a. a. O., S. 160 f.

Textnachweise

»Kapitalismus und Todestrieb«: Erstveröffentlichung in diesem Band.

»Warum heute keine Revolution möglich ist« ist zuerst erschienen in: *Süddeutsche Zeitung*, 3. September 2014.

»Die Totalausbeutung des Menschen« ist zuerst erschienen in: *Süddeutsche Zeitung*, 20. Juni 2016.

»Im digitalen Panoptikum« ist zuerst erschienen in: *Der Spiegel* 2/2014.

»Transparent ist nur das Tote« ist zuerst erschienen in: *Die Zeit* 03/ 2012.

»Dataismus und Nihilismus« ist zuerst erschienen in: *Die Zeit* 40/2013.

»Quälende Leere« ist zuerst erschienen in: *Die Welt*, 30. Dezember 2015 – unter dem Titel: »Quälende Leere. Narzissmus ist der Grund für Selfies und Terror«.

»Der springende Mensch« ist zuerst erschienen in: *Die Zeit* 04/2016.

»Woher kommen die Flüchtlinge?« ist zuerst erschienen in: *Der Tagesspiegel*, 17. September 2015.

»Wo die wilden Kerle wohnen« ist zuerst erschienen in: *Die Welt*, 8. September 2015.

»Wer ist Flüchtling?« ist zuerst erschienen in: *Frankfurter Allgemeine Zeitung*, 24. Januar 2017.

»Die Schönheit liegt im Fremden« ist zuerst erschienen

in: *Die Welt*, 24. November 2017 – unter dem Titel »Deutsche sollten Deutsche bleiben«.

»Alles eilt« ist zuerst erschienen in: *Die Zeit* 25/2013 – unter dem Titel: »Alles eilt. Wie wir die Zeit erleben«.

»›Der Eros besiegt die Depression‹« ist zuerst erschienen in: *Philosophie Magazin* 05/2012 © Philosophie Magazin, Berlin 2012.

»Der Kapitalismus liebt die Stille nicht« ist zuerst erschienen in: *1. Spielzeitheft der Schaubühne am Lehniner Platz 2013/14* © Florian Borchmeyer und Thomas Ostermeier, Berlin 2013.

Vierte Auflage Berlin 2026

Großbeerenstraße 57A | 10965 Berlin, Deutschland
info@matthes-seitz-berlin.de

Satz: psb, Berlin
Druck und Bindung: Art Druk, Szczecin
Printed in Poland
Umschlaggestaltung nach einer
Idee von Pierre Faucheux
ISBN 978-3-95757-830-3
www.matthes-seitz-berlin.de